华东政法大学
65周年校庆文丛编委会

主　任　曹文泽　叶　青
副主任　顾功耘　王　迁
委　员　（以姓氏笔画为序）
　　　　　马长山　王立民　朱应平　刘　伟　孙万怀
　　　　　杜志淳　杜　涛　杨忠孝　李秀清　李　峰
　　　　　肖国兴　吴新叶　何益忠　何勤华　冷　静
　　　　　沈福俊　张明军　张　栋　陈金钊　陈　刚
　　　　　林燕萍　范玉吉　金可可　屈文生　贺小勇
　　　　　徐家林　高　汉　高奇琦　高富平　唐　波

华东政法大学65周年校庆文丛

国有公共企业
监督治理法律制度研究

陈美颖 /著

北京大学出版社
PEKING UNIVERSITY PRESS

图书在版编目(CIP)数据

国有公共企业监督治理法律制度研究/陈美颖著.—北京：北京大学出版社，2017.11

ISBN 978-7-301-28867-2

Ⅰ.①国… Ⅱ.①陈… Ⅲ.①国有企业—企业法—研究—中国 Ⅳ.①D922.291.914

中国版本图书馆CIP数据核字(2017)第252637号

书　　　名	国有公共企业监督治理法律制度研究 GUOYOU GONGGONG QIYE JIANDU ZHILI FALÜ ZHIDU YANJIU
著作责任者	陈美颖　著
责 任 编 辑	朱梅全　黄蔚
标 准 书 号	ISBN 978-7-301-28867-2
出 版 发 行	北京大学出版社
地　　　址	北京市海淀区成府路205号　100871
网　　　址	http://www.pup.cn
电 子 信 箱	sdyy_2005@126.com
新 浪 微 博	@北京大学出版社
电　　　话	邮购部 62752015　发行部 62750672　编辑部 021-62071998
印　刷　者	三河市博文印刷有限公司
经　销　者	新华书店
	730毫米×1020毫米　16开本　13.5印张　200千字 2017年11月第1版　2017年11月第1次印刷
定　　　价	42.00元

未经许可，不得以任何方式复制或抄袭本书之部分或全部内容。
版权所有，侵权必究
举报电话：010-62752024　电子信箱：fd@pup.pku.edu.cn
图书如有印装质量问题，请与出版部联系，电话：010-62756370

崛起、奋进与辉煌

——华东政法大学65周年校庆文丛总序

2017年,是华东政法大学65华诞。65年来,华政人秉持着"逆境中崛起,忧患中奋进,辉煌中卓越"的精神,菁莪造士,棫朴作人。学校始终坚持将学术研究与育人、育德相结合,为全面推进依法治国做出了巨大的贡献,为国家、为社会培养和输送了大量法治人才。一代代华政学子自强不息,青蓝相接,成为社会的中坚、事业的巨擘、国家的栋梁,为社会主义现代化和法治国家建设不断添砖加瓦。

65年栉风沐雨,华政洗尽铅华,砥砺前行。1952年,华政在原圣约翰大学、复旦大学、南京大学、东吴大学、厦门大学、沪江大学、安徽大学、上海学院、震旦大学9所院校的法律系、政治系和社会系的基础上组建而成。历经65年的沧桑变革与辛勤耕耘,华政现已发展成为一所以法学为主,兼有政治学、经济学、管理学、文学、工学等学科,办学特色鲜明的多科性大学,人才培养硕果累累,科研事业蒸蒸日上,课程教学、实践教学步步登高,国际交流与社会合作事业欣欣向荣,国家级项目、高质量论文等科研成果数量长居全国政法院校前列,被誉为法学教育的"东方明珠"。

登高望远,脚踏实地。站在新的起点上,学校进一步贯彻落实"以人为本,依法治校,质量为先,特色兴校"的办学理念,秉持"立德树人,德法兼修"的人才培养目标,努力形成"三全育人"的培养管理格局,培养更多应用型、复合型的高素质创新人才,为全力推进法治中国建设和高等教育改革做出新的贡献!

革故鼎新,继往开来。65周年校庆既是华东政法大学发展史上的重要里程碑,更是迈向新征程开创新辉煌的重要机遇。当前华政正抢抓国家"双一流"建设的战略机遇,深度聚焦学校"十三五"规划目标,紧紧围绕学校综合改革"四梁八柱"整体布局,坚持"开门办学、开放办学、创新办学"发展理念,深化"教学立校、学术兴校、人才强校"发展模式,构建"法科一流、多科融合"发展格局,深入实施"两基地(高端法律及法学相关学科人才培养基地、法学及相关学科的研究基地)、两中心(中外法律文献中心、中国法治战略研究中心)、一平台('互联网+法律'大数据平台)"发展战略,进一步夯实基础、深化特色、提升实力。同时,华政正着力推进"两院两部一市"共建项目,力争能到本世纪中叶,把学校建设成为一所"国际知名、国内领先,法科一流、多科融合,特色鲜明、创新发展,推动法治文明进步的高水平应用研究型大学和令人向往的高雅学府"。

薪火相传,生生不息。65周年校庆既是对辉煌历史的回望、检阅,也是对崭新篇章的伏笔、铺陈。在饱览华政园风姿绰约、恢弘大气景观的同时,我们始终不会忘却风雨兼程、踏实肯干的"帐篷精神"。近些年来,学校的国家社科基金法学类课题立项数持续名列全国第一,国家社科基金重大项目和教育部重大项目取得历史性突破,主要核心期刊发文量多年位居前茅。据中国法学创新网发布的最新法学各学科的十强排名,学校在法理学和国际法学两个领域排名居全国第一。当然我们深知,办学治校犹如逆水行舟,机遇与挑战并存,雄关漫道,吾辈唯有勠力同心。

为迎接65周年校庆,进一步提升华政的学术影响力、贡献力,学校研究决定启动65周年校庆文丛工作,在全校范围内遴选优秀学术成果,集结成书出版。文丛不仅囊括了近年来华政法学、政治学、经济学、管理学、文学等学科的优秀学术成果,也包含了华政知名学者的个人论文集。这样的安排,既是对华政65华诞的贺礼,也是向广大教职员工长期以来为学校发展做出极大贡献的致敬。

65芳华,荣耀秋菊,华茂春松,似惊鸿一瞥,更如流风回雪。衷心祝愿华政铸就更灿烂的辉煌,衷心希望华政人做出更杰出的贡献。

华东政法大学65周年校庆文丛编委会
2017年7月

目 录

导 论 ... 001
  一、研究背景与意义 ... 001
  二、国内外研究现状分析 ... 002
  三、研究思路与框架结构 ... 006
  四、拟解决的关键问题 ... 008
  五、研究方法与创新点 ... 009

第一章 国有公共企业监督治理制度的理论基础 ... 011
  一、国有公共企业的研究前提：国有企业分类改革 ... 013
  二、国有公共企业的内涵界定与立法调整 ... 037
  三、国有公共企业监督治理之性质诠释 ... 044

第二章 我国国有公共企业监督治理制度现状与问题 ... 051
  一、主体论：监督职能之承担者 ... 053
  二、组织论：监督之内部构造 ... 069
  三、监督之激励与责任论 ... 100

第三章 日本公共企业监督治理制度考察与评析 ... 113
  一、日本公共企业研究综述 ... 115
  二、日本公共企业之概念界说 ... 118
  三、民营化前的日本公共企业制度 ... 128
  四、民营化后的日本公共企业制度 ... 135
  五、日本公共企业制度变迁的评析 ... 152

第四章　我国国有公共企业实现有效监督之推进路径　　161
　　一、日本公共企业制度变迁对我国国企改革的启示　　163
　　二、我国国有公共企业监督治理法律制度之完善　　168

结　语　　195

主要参考文献　　197

后　记　　209

导　　论

一、研究背景与意义

（一）研究背景

我国国有企业改革一直沿着政企分开的思路不断深入，取得了丰硕成果。然而时至今日，一些国有企业在带来成效的同时也伴随着监督机制有效性的缺失，造成企业内部经营不透明、利润未用于公共服务和社会民生、国有资产流失、公共利益被吞噬等一系列严重的问题，所以国有企业的监督尤其是内部监督是一个伴随国有企业发展始终的重大问题。国有企业监督治理机制之所以未能有效发挥作用，既缘于制度本身的不完备性，也有其深层次原因。国有企业本应具有不同于一般商事企业的特殊性质和目标，而现实中，国有企业的监督治理却有与国有企业目标性质相背离的情况，趋同于一般性商事企业。

国有企业按照所处领域和主要功能的不同，大致可以分为国有公共企业与国有商事企业。前者集中在提供重要公共产品和服务的领域，主要以弥补市场缺陷、实现公共利益为目的，进而保证经济安全、国家安全和社会安定；后者则以营利为目的，基本上与其他一般商事企业一样进入市场竞争性领域参与投资经营。国有公共企业的发展关系着国家经济的命脉和民生利益的保障，是公共利益维护和社会可持续发展的要求。为适应当前深化国资国企改革的要求，党的十八届三中全会明确提出，必须适应市场化、国际化的新形势，进一步深化国企改革，推动国有企业完善现代企业制度,并首次提出应当准确界定不同的国有企业功能,对国有企业进行分类改革,强化"国有资本加大对公益性企业的投入,在提供公共服务方面做出更大的贡献"。这就意味着我国国有企业将进入分类改革与监管的新时期。以此为前提,2015年国务院公布了《关于深化国有企业改革的指导意见》,明确提出"根据国有资本的战略定位和发展目标,结合不同国有企业在经济社会发展中的作用、现状和发展需要,将国有企业分为商业类和公益类"。这就为国有公共企业法律制度的构建提供了政策基础。在我国经济体制深化改革的关键时期,研究国有公共企业的监督治理法律制度具有重要的理论与实践意义。

(二)研究意义

国有公共企业的公共性本质和目标决定了其应当具有不同于一般商事企业的监督制度,所以国有公共企业有必要在汲取现代公司治理有益成分的同时,构建相应的特殊性制度安排。本书以国有公共企业的公共性目标为导向,以公共产品供给理论和企业治理理论为基础,构建我国国有公共企业的监督治理制度,从而有利于丰富和完善我国国有企业监督制度的理论框架。

本书立足于党的十八届三中全会对国有企业类型化改革和四中全会全面推进依法治国的要求,适应当前保障国有资本投资者权益和促进社会公共利益实现的现实需要,从监督主体、组织构造、激励与责任等层面对国有公共企业的监督治理法律制度进行研究,以实现我国国有公共企业的公共性目标与职能,这对于推进国有公共企业监督治理机制的有效性、完善国有资本监管和促进社会公共利益的实现具有重要的现实意义。

二、国内外研究现状分析

(一)国内研究现状

党的十八届三中全会《关于全面深化改革若干重大问题的决定》中明

确指出"国有资本要加大对公益性企业的投入",充分说明党中央国有公共企业改革的高度重视以及当前我国国有公共企业法律制度构建的重要性和紧迫性。

综观近年来国内学界对于国有公共企业及其监督法律制度的研究,已有的文献遵循和形成三个主要的研究范式:

研究范式Ⅰ:在基础理论层面,对国有公共企业的基础范畴理论进行研究。

学界对国有企业以及与之相关的公共企业、公益性企业、公用企业等概念进行区别分析,明确公共企业作为提供基本公共产品和服务的经营组织,是不同于一般商事企业的特殊企业(史际春,1997;王红一,2002;顾功耘,2006)。孙长坪(2008)进而认为公共企业比国有企业概念更能准确地表达这类企业的经济性质,更符合市场经济条件下的企业法主题概念的要求。张安毅(2014)、胡改蓉(2017)认为公益性国有企业概念存在理论缺陷,公益概念本身存在不确定性和边界不清的问题,应当在概念上用公共企业取代公益类国有企业,并以公共企业制度指导特殊国企的制度设计和国企分类改革。阳东辉(2004)、程承坪(2013)研究了国有企业的性质,认为国有企业是市场与政府的双重替代物,最根本地是要实现政府服务社会的目标。

在探讨国有企业与公共企业关系的基础上,虽然明确了国有企业的分类是构成国有企业监督制度研究的理论前提,但是国内的研究文献对此也还未达成一致。邵宁(2013)将国有企业分为公益性的国有企业和竞争性的国有企业,然而这一分类方式混淆了两种不同的区分标准,公益性应对应于营利性,竞争性应对应于垄断性为宜。顾功耘(2013)提出国有企业按照所处领域和主要功能的不同,宜分为公共企业与商事企业。余菁等(2009)将国有企业区分为国有非公共企业与国有公共企业,明确了国有公共企业的公共性目标。

这一研究范式的文献主要界定了公共企业的基本概念和性质,为进一步研究国有公共企业的监督制度提供了理论支撑,但是对于国有公共企业与公益类国有企业之间关系的梳理以及该类国有企业的功能定位还有必要作进一步的深入研究。

研究范式Ⅱ：对建构国有公共企业制度体系进行了整体性分析。一些学者提出，立法应当区分国有企业的不同功能和性质而进行规范和调整，对公共企业进行统一专门立法，以特殊的规则实行较为严格的控制；对其他国有企业则按一般商事企业同等规范（王保树，2000；王红一，2002；顾功耘，2006）。阳东辉（2002）持相类似的观点，他也认为国有企业应进行多元化模式改革，针对国有独资、国家控股与竞争领域的民营模式分别进行相区别的法律调整。黄速建等（2008）指出我国国有公共企业目前面临着治理困境和政策立法漏洞，提出对国有公共企业治理有必要形成特殊性的制度安排。顾功耘（2013）、蒋大兴（2013）等学者进一步提出应当统筹考虑制定《公共企业法》，明确规定立法宗旨、治理机制、信息披露制度以及监督制度等内容。

基于这一研究范式的文献，提出了对国有公共企业进行专门立法的必要性，特别指出建立监督治理机制等立法的必要性，但侧重于宏观论述，对于具体的监督治理制度尚需要进行深入细致的研究。

研究范式Ⅲ：在法学的逻辑框架内，国内学者对于公司化的国有企业的监督制度已有较多研究成果，但是从国有公共企业角度对监督治理制度的系统研究尚需进一步完善。国内较多学者系统研究了我国以国有为主的公司制企业的内部监督治理问题，尤其对于监事会与独立董事之间的关系进行厘定并提出兼收并蓄和强化监督的建议（王保树，2000；龙卫球、李清池，2005；徐晓松 2006；朱慈蕴，2007；刘俊海，2013）。赵旭东（2010）、苏容若（2012）基于监事会的低效性，而提出废除监事会的建议。尹灿、张玉敏（2007）主要分析了国有独资公司治理模式存在的问题，提出解决困境的方法即降低国有独资公司的数量并强化监督。

（二）国外研究现状

一些发达国家建立了较为完善的市场经济体制，政府只在很少的领域建立了公共企业以弥补市场缺陷,所以国外关于公共企业监督制度的专门研究成果还不是很多。国外对于公共企业及其监督机制的研究形成三个主要的研究范式:

研究范式Ⅰ:主要涉及对公共企业基础理论的研究。国外学者对于公共企业的概念与分类、属性(包括优势)与法律形式等基础理论问题已经形成丰硕的研究成果(末永敏和,1979;植草益,1983;远山嘉博,1985;Culbert and Reisel,1971;Seidman,1975)。远山嘉博(1986,1999,2000)侧重于对日本公共企业的历史进行系统研究,强调公共企业在历史演进过程中,在不同时期对实现公共性还是商事性目标有着不同侧重。

研究范式Ⅱ:对于公共企业的研究形成系统性的阶段成果,侧重公共企业的民营化改革及法律监督规制。适应20世纪80年代前后世界性的公共企业民营化改革浪潮,国外关于公共企业民营化改革的制度研究成果较多。一些学者对政府在公共企业中的股东角色、利益相关者与公共企业治理进行了系统分析,认为公共企业虽实行了民营化改革,但仍受政府一定程度的控制,国家仍将继续在公共企业治理中发挥重大作用(Botchway,2000;Whincop,2005;Drobak,2006;安腾阳,1984;远山嘉博,1987)。

研究范式Ⅲ:对于公共企业的监督,国外往往通过独立董事、监事会等内部监督机制进行较为严格的规定,强调其监督治理的特殊性。例如,一些学者通过系统分析公共企业的内部监督治理机制以反映公共企业的特殊性,从经营治理结构上保障公共企业实现社会效益(John Carver,1990;Cornforth,2003;Sokol,2009;加藤龙兰,2005)。冈野行秀与植草益(1983)从宏观层面论述了日本公共企业的法律规制与企业治理的改革路径,强调公共企业在经营治理方面的公共性价值。玉村博巳(1984)、松原聪(1988)系统研究了作为公共企业特殊形态的股份公司,强调仅建立国有控股公司或混合所有制公司等组织形态是不够的,更需要完善监督治理机制,在实质上实现监督的独立性和有效性。

国外关于公共企业监督法律制度的研究在很多方面给我们以启发,但是国外的制度研究也并没有一个统一和最优的模式。因此,有必要立足于国内研究的现状与不足,在适当借鉴国外研究成果的基础上,健全和完善我国国有公共企业的监督治理法律制度。

三、研究思路与框架结构

本书首先从当前我国国有企业监督有效性缺失的具体问题入手,分析困境背后的深层次原因。在此基础上,通过运用经济学的公共产品供给理论,对国有公共企业的内涵进行基本界定。其次,梳理我国国家和地方层面有关国有公共企业的现行制度规范,通过收集数据、调研、访谈等方式进行实例分析,审视现行制度的不足。最后,通过考察国外(日本)公共企业的监督法律制度,以此借鉴国外的有益经验并结合我国的实际,努力探寻我国国有公共企业监督治理法律制度在保障社会效益、实现公众利益等方面的有效对策。

本书除导论和结语之外,主要由四部分构成,具体分述如下:

(一) 国有公共企业监督治理制度的理论基础

1. 国有公共企业的概念界定明确了研究对象

国有企业按照所处领域和主要功能的不同,大致可以分为国有公共企业与国有商事企业。前者集中于提供重要公共产品和服务的领域,主要以弥补市场缺陷、实现公共利益为目的;后者则以营利为目的,与其他商事企业一样进入市场竞争性领域参与投资经营。当前我国国有企业正处于从国有商事企业为主的构成形态向国有公共企业为主的构成形态的过渡时期。依据公共产品供给理论,我国国有公共企业可分为纯公共企业和准公共企业。从公司治理的股权结构角度看,本书的研究对象既包括法人形式的国有独资公司、国有控股公司,也包括非法人形式的国有独资企业。

2. 国有公共企业的性质和目标明确了研究视角

对国有公共企业不同于国有商事企业的特殊性质和目标进行诠释,揭示出国有公共企业首要且最根本的目标是实现社会公共利益。进而分析不同国有公共企业之间的公共性差异,在从纯国有公共企业到准国有公共企业的过渡中,企业的公共属性逐渐减弱,企业的经营自主性逐渐加强。

3. 国有公共企业监督机制的诠释决定了制度设计的思路

依据企业治理理论,结合国有公共企业的公共性,解析国有公共企业监督机制的本质。一方面,有效的内部监督机制是外部监督机制发挥作用的基础;同时,部分外部监督机制并不能对国有公共企业提供的公共产品与服务进行有效规制,故本书集中研究内部监督机制。另一方面,在决策权、执行权与监督权三权分立、相互制衡的现代企业组织结构的基础上,分析监督机制的地位、功能与价值。

(二) 我国国有公共企业监督治理制度现状与问题

通过梳理我国国有公共企业监督治理的制度规范,本书重点从监督主体、组织构造、激励与责任等几个层面对国有公共企业的监督治理制度进行研究,并结合具体案例进行实证考察。同时,在梳理制度现状的基础上,剖析现有监督制度在实现社会公共利益方面存在的不足。

(1) 监督之主体。主要针对国有企业内部多元化的监督主体进行分类,从出资人的监督(股权监督)、监事会的专门监督(属于股权监督的一部分)、董事会下的监督(决策监督层监督)和职工监督(利益相关者的监督)等几个层面全面分析我国国有公共企业的监督主体,揭示其各自的角色定位与职权范围。

(2) 监督之组织构造。按照组织形式,国有公共企业监督的组织机构大体分为两类,一类是国有资产监督管理机构向国有独资企业和国有独资公司派出的外派监事会,另一类是依照《公司法》设立的国有有限责任公司和股份公司的内设监事会。本书分别对外派监事会与内设监事会的性质进行定位,通过梳理相关立法和实例,揭示两类监事会在监督企业治理方面存在的问题。另外,对于外部董事、内部审计以及委派财务总监等董事会下的监督行权机制,分别分析各个机制的功能定位与职权范围,并结合实例审视其在监督治理有效性方面的主要问题。

（3）监督之激励机制与责任机制。建立监督的事前激励机制和事后法律责任机制，缺一不可。通过对我国国有公共企业关于监督职能承担者的考核评价与激励机制，以及法律责任等约束机制的相关立法进行梳理，审视其在实现公共性目标方面存在的主要问题。

（三）日本公共企业监督治理制度考察与评析

本部分主要研究成熟市场经济国家的公共企业的监督法律制度，重点考察日本公共企业的监督治理规范体系，选取了几个代表性的公共企业（铁路、邮政、电信），通过分析相关的一般立法以及公共企业的专门立法，探讨日本公共企业监督治理法律制度在保障社会公众利益方面的有效性。

（四）我国国有公共企业实现有效监督之推进路径

立足我国国有公共企业监督法律制度的特性和国企改革的实际，结合国外的有益经验，重点从监督的组织构造、考核评价的激励与责任机制等层面构建国有公共企业的监督治理制度，探讨实现我国国有公共企业有效监督的推进路径，以达到保障社会效益、实现社会公共利益的主要目标。

四、拟解决的关键问题

本书拟解决的关键问题包括以下三个方面：

第一，如何依据公共产品供给理论和企业治理结构理论，对国有公共企业的基本概念进行界定，对其监督治理结构的本质进行解读，由此搭建国有公共企业监督治理法律制度研究的基本框架。

第二，如何在梳理国外公共企业监督制度的基础上，提炼其监督治理法律制度在实现公共性目标方面的有效性这是本书的一个重点问题。

第三，如何以实现公共性目标为导向，在立足我国实际并借鉴国外有益经验的基础上，健全和完善我国国有公共企业的监督治理法律制度。这是本书的核心内容，也是需要重点突破的问题。

五、研究方法与创新点

从具体的研究方法来看,本书主要运用规范分析、比较分析和案例分析等研究方法。

(1)规范分析的研究方法。通过梳理我国与国外公共企业监督治理的制度规范,剖析这些规范背后的功能价值,为之后的比较分析与借鉴奠定基础。

(2)比较分析的研究方法。本书较系统地考察了日本在特定领域设立公共企业的监督制度,在同我国比较分析的基础上汲取其成功的经验,为健全和完善我国国有公共企业的监督治理法律制度提供参考。

(3)案例分析的研究方法。本书选取个别典型的国有公共企业作为具体案例,通过收集数据资料、调研、访谈等方式对所采纳的案例进行集中分析、归纳和总结,从而得出研究结论。

本书的研究特色与创新点主要体现在以下三方面:

一是以公共性目标为视角研究国有公共企业的监督治理法律制度,改变了以往立足于企业的股权结构属性构建国有企业监督制度的研究,为国有企业监督法律制度的完善提供了新的理论视角。

二是系统地对国有公共企业的监事会、董事会监督行权和职工民主监督等核心监督机制进行研究,选取个别国有公共企业作为重点研究的实例,探讨如何完善我国国有公共企业监督治理法律制度,以实现其公共性目标与职能。

三是通过考察日本公共企业的制度变迁和监督制度规范,分析其相关立法政策的一般规定和专门法律的特殊规定,探讨其监督法律制度在保障社会公共利益方面的有效途径。

第一章

国有公共企业监督治理制度的理论基础

本章是关于国有公共企业内涵的界定、功能定位的剖析及监督治理结构的诠释,由此形成本书内容的理论基础。国有公共企业的内涵界定明确了研究对象问题,功能定位明确了研究视角问题,而对监督治理结构本质的解读决定了制度设计的思路问题。

一、国有公共企业的研究前提:国有企业分类改革

本节依据国内外研究文献,在对国有企业的内涵进行基本界定的基础上,梳理改革开放以来我国国有企业的发展历程,总结当前国企改革中仍存在的主要问题,并由此揭示出国企分类改革的必要性,梳理并总结国内外有关国企分类标准的主要研究状况和观点。

(一)国有企业的内涵界定

1. 我国政策法律对国有企业的界定

从经济学视角看,国有企业(State-Owned Enterprise,SOE)是国家代表公众利益参与经济和干预经济、解决各类市场失效问题的有效手段,是国家财政的有机组成部分。[1] 从法学视角看,代表性的观点认为,国有企业是

---

[1] 参见黄速建:《国有企业改革和发展:制度安排与现实选择》,经济管理出版社2014年版,第77页。

指企业的全部资本或部分资本属于国家所有,并为国家直接或间接地控制的企业。① 国有企业作为国家(政府)控制或影响的企业组织形式,不仅普遍存在于社会主义国家,也存在于资本主义国家。在资本主义国家,国有企业曾经成为推动资本主义产生和促进产业发展的重要组织形式;而在社会主义国家,国有企业更是决定社会主义性质的典型标志之一。我国《宪法》第7条规定:"国有经济,即社会主义全民所有制经济,是国民经济中的主导力量。"由此说明,我国的国有企业具有全民所有制企业的性质,而公有制是社会主义经济制度的所有制基础。在社会主义市场经济体系下,国有资本即属于全体人民共同所有的资本。我国《企业国有资产法》第2条规定:"本法所称企业国有资产,是指国家对企业各种形式的出资所形成的权益。"即一般用国有资产来界定国有企业的所有权概念。党的十八届三中全会《中共中央关于全面深化改革若干重大问题的决定》中也指出,"国有企业属于全民所有,是推进国家现代化、保障人民共同利益的重要力量。"从以上学界观点及对法律条文的总结可以看出,在社会主义市场经济体系下,国有企业强调企业资本全部或者部分为国家所有;同时,国有企业除了需要弥补市场失灵,在公共物品领域与私人物品领域之间配置资源外,还应当要体现社会主义国家对国民经济的战略控制。尽管国有企业是公有制企业的典型之一,但只是公有制实现形式中非常特殊的一种类型。我国实行的是社会主义经济制度,我国国有企业改革认识上的最大突破,就是从认为国有企业是计划经济制度下最优越的(或最高级的)公有制形式转变为认识到国有企业是社会主义市场经济制度下具有特殊功能的一种企业制度形式。

2. 西方经济学理论对国有企业的认识

早期西方资本主义经济学理论以亚当·斯密为代表,推崇自由竞争的市场经济,否认国家和政府对经济的干预作用。他提出自由制度的三要素是"自私的动机、私有的企业、竞争的市场",并据此认为不断增加国民财富

---

① 参见史际春:《国有企业法论》,中国法制出版社2003年版,第13页。

的最好办法就是给经济活动以完全的自由,由国家经营业务不免有浪费,这使得国有企业的成功变得不可能。①

随着资本主义的发展,当生产社会化与生产资料私人占有的矛盾日益尖锐,自由市场经济的盲目性体现出来以后,资本主义国家对经济进行干预以及发展国有经济就成为必然的现象。以凯恩斯为主导的宏观经济学认为,政府干预是市场经济宏观调控的手段,以弥补自由资本主义经济危机的缺陷。② 在此背景下,西方发达资本主义国家实行全面的政府调节,开始进入大规模建立国有企业的时代。在资本主义国家中,国有企业通常是为了弥补市场失灵和实现某些社会政策目标而建立的一种特殊的经济组织形式。

古典主义经济学派对政府的主要职能进行了详细的论述:弥补市场失灵,对收入进行再分配,稳定经济并促进经济再增长,制定和执行国际经济政策。③ 该学派认为政府应当进入某些特殊产业(如医疗保健等)以满足社会公众的基本需求。一个企业生产时可能会存在规模不经济,但从社会效率看,由一个企业生产效率最高。在成本弱增性范围内,进行垄断经营,符合经济效率的原则。如果国家不对垄断企业进行规制,而企业单纯以盈利为目的进行经营,那么企业就会根据利润最大化原则来确定价格和产量,进而导致社会福利最小化。

随着西方国家国有经济规模的扩大,国有企业的弊端也逐渐显现,效率低下、亏损严重的问题越发突出,造成沉重的国家财政负担。20世纪60年代以来,西方一些自由主义和激进主义经济学家先后创立了公共选择理论、新制度经济学(包括产权理论、交易成本理论、委托代理理论、制度变迁理论等)等理论,主要目的在于抵制政府干预职权的扩张。其中,公共选择理论强调政府与市场同样存在失灵现象,不能盲目崇拜政府的作用,市场

---

① 参见〔英〕亚当·斯密:《国民财富的性质和原因的研究》,郭大力译,商务印书馆1981年版。
② 参见〔美〕詹姆斯·M.布坎南:《自由、市场和国家》,北京经济学院出版社1988年版,第13页。
③ 参见闫长乐、张永泽:《国有企业改革与发展研究》,中国经济出版社2012年版,第4页。

机制在解决市场经济问题时仍起到基础性作用。新制度经济学的观点认为，在经典的自由竞争的市场结构中，市场交易是不需要费用的。所以，与国有企业相比，内部成本较低的私营企业更有效率。于是，西方资本主义国家掀起了大规模的国有企业私有化浪潮，许多国有企业进行公司化改造并出售国有股权给私人企业经营。当然在这次大规模私有化时期，也有一些国有企业并没有实现完全的私有化。

马克思主义经典理论则认为，人类发展到资本主义社会，生产力大大提高，但生产资料的资本主义私人所有与生产社会化的矛盾也越来越尖锐，资本主义市场经济必然要向社会主义计划经济转变。而社会主义国家要建立公有制，要建立国有企业，是形成计划经济的基础，所以计划经济的历史必然性是国有企业的逻辑基础，而国有企业则是计划经济的现实经济基础。[①]

3. 国有企业的功能定位

正确把握国有企业的性质和功能定位，是充分认识国有企业在经济社会中的责任和有效监管国有企业的前提。国有企业具有特殊性质和特点，能够发挥私营企业难以发挥的功能。[②] 在不同的社会体制下且在不同的发展阶段，国有企业的性质和所发挥的作用是不同的。在发达的市场经济体系下，国有企业是国家直接干预经济、弥补市场失灵的一种手段，是为实现国家和社会政策目标而产生的一种特殊的企业组织形式。国有企业主要存在于市场机制无法或者难以发挥作用的领域，这也就是国有企业的比重在资本主义国家的国民经济中只占很小的一部分的原因。而在社会主义市场经济体制下，国有企业不仅仅是政府干预经济的手段，也是政府参与经济的手段。这就意味着，社会主义市场经济体制下，国有企业作为市场竞争主体，同非国有企业一起参与经济活动。正因如此，社会主义市场经济体制下国有企业的经营活动范围相比发达市场经济体制下的国有企业

[①] 参见《马克思恩格斯选集》，人民出版社1995年版，第3卷，第759—760页。转引自闫长乐、张永泽：《国有企业改革与发展研究》，中国经济出版社2012年版，第4页。

[②] 参见金碚：《再论国有企业是特殊企业》，载《中国工业经济》1999年第3期。

要广泛很多。从国企功能定位来看,国外对国有企业的定位主要遵循三个原则:(1)弥补"市场失灵";(2)支持"宏观调控";(3)打造"国家竞争力"。相比非国有企业,国有企业更有利于实现一定的重要供应目标,具有有效解决重大经济问题和应对紧迫危机的独特功能,有助于改善市场运行秩序和产业组织结构,并成为社会公平标杆。[1]

谈及国有企业的性质和功能,理论界和实务界争论的焦点往往在于国有企业到底是营利性的还是公益性的。如果强调国有企业的社会责任和公共利益,不倡导国有企业的营利价值目标,则难以实现国有资本的保值增值;而如果过分强调国有企业的营利性价值目标,又会致使企业注重经济利益和绩效而忽视社会利益,出现损害消费者利益、危及国家和公共利益、弱化国有资本提供公共物品和服务社会的职能。

《OECD国有企业公司治理指引》(以下简称《OECD指引》)第一章指出,应确保国有企业具备一个有效的法律监管框架。其目的旨在为国有企业与同他们在同一领域竞争的私有部门提供一个公平的环境,并提高公司治理的水平。《OECD指引》第二章进一步指出,"国家应扮演一个明智的、负责任的和积极进取的所有者角色,国家应该建立一套清晰、稳定的所有权政策,并确保在保持必要程度的职业化和有效率的基础上,以一种透明、负责任的方式对国有企业实施治理"。在公共服务义务和超越通常公认标准的特定责任要求方面,任何要求国有企业必须承担的特定义务,都应该通过法律和法规明确规定,并向公众披露,同时要以透明的方式确定相关的成本。因此,《OECD指引》强调了"国有企业承担着执行社会公共政策的特别义务和责任。国有企业的这些高于普通商业标准的义务和责任,应当具备法律和规则的明确授权,并且应当向社会公众披露。同时,相关的成本应当根据特殊法律规定和/或通过契约机制(例如管理或服务合同)由国家财政预算予以适当补助。"[2]

---

[1] 参见金碚:《论国有企业改革再定位》,载《中国工业经济》2010年第4期。
[2] 经济合作与发展组织:《OECD国有企业公司治理指引》,李兆熙译,中央财政经济出版社2005年版,第12页。

国内经济学界较有代表性的观点认为,国有企业应当成为一种同时拥有经济目标和非经济目标的特殊的企业组织(黄速建、余菁,2006)。① 这说明,国有企业本身应具有"公共性"与"商事性"的双重性质。"公共性"是指国有企业所有权全部或部分归国家(政府)所有,承担一定的社会经济责任和体现国家意志,以达到国家对社会经济活动有效调节的目的。"商事性"则是指国有企业也是独立的企业法人,具有自己的商业利益目标。国有企业在历史的演进过程中,总是不断寻求着两大目标的平衡,但是在不同时期又有着不同侧重点。

一方面,国有企业承担着被赋予一定的社会政策目标而以实现社会效益为首要任务。国有企业应当首先成为提供公共服务、弥补市场失灵、干预经济生活的一种宏观调控工具,发挥一般私营企业难以发挥的作用。②《中央企业产业发展报告(2011)》也指出,国有企业不同于私有企业的根本之处在于,国有企业在社会责任和义务以及公共政策目标这方面的要求和标准要比私有企业高得多,对国有企业来说,企业社会责任是一种特定的、强制的、法定的企业目标和责任。③在市场经济中,市场难以提供公共产品,所以客观上需要政府的政治权力和经济权力的介入。国有企业作为提供普遍而公平的公共性产品与服务的企业,寻求公共利益是其首要且最根本的目的。国家和政府设立国有企业的意义在于以企业的公共性来弥补市场缺陷,对于一些私人缺乏兴趣或者难以从事的具有公用性、服务性的公共企业,由政府来投资经营。④ 所以,相对于民营企业,国有企业具备一定的优势。国家首先须承担一定的社会经济职能,集中国家力量投资经营一些公共性产品和服务领域,或是进入一些不赢利、赢利小但是公共利益远大于经济利益的产业和领域,从而解决分配不公和垄断等问题。当然,政

---

① 参见黄速建、余菁:《国有企业的性质、目标与社会责任》,载《中国工业经济》2006年第2期。
② 参见丁任重、王继翔:《中国国有企业改革演进:另一种视角的解读》,载《当代经济研究》2010年第4期。
③ 参见〔日〕王保林主编:《中央企业产业发展发展报告(2011)》,中国经济出版社2011年版,第8页。
④ 参见〔日〕冈野行秀、植草益:《日本の公企业》,东京大学出版社1983年版,第6页。

府并不必然会有效弥补市场的缺陷,政府机构的官僚作风造成的低效率以及寻租行为也会导致政府失灵。[1]

另一方面,国有企业作为市场经济的主体之一,毕竟区别于政府部门。企业的本质是通过从事生产经营活动达到获利的目的,国有企业同样如此。一些国有企业与民营企业一样,在市场经济活动中参与竞争,追求盈利。从性质看,国有资本也要体现为经济性、竞争性、流动性等,即我们通常所说的保值增值。所以,国有企业的另一个目标就是要寻求高效率下的经济利益。但是,过度地转向对经济利益的追求,势必会弱化国有企业的公共服务性职能。"如果企业的功能是弥补市场缺欠,而又从事竞争性业务,这必然使企业处于一种矛盾的境地,不仅影响企业发挥其自身应有的功能,而且也会对从事同类竞争性业务的企业造成不公平竞争。"[2]在我国以公有制为基础的社会主义市场经济条件下,国有企业、国有经济在我国国民经济中占据着关键性的地位,它要比其他经济成分承担更为重要的社会责任。国有企业应当首先保障国民的利益,以提高廉价高效的公共产品和服务为目标。因此,国有企业应当对经济利益有着适当考虑。所谓"适当",是指应以公共性为首要目标,而不应以营利性为主。

强调国有企业的公共性,并不是说国有企业不应当追求营利。正如Richard Pryke(1972)所说,这并不意味着国有企业不需要考虑经济问题,问题的关键在于,经济目标对国有企业而言,是约束,而不是驱动力。[3] 国有企业的公共性和营利性(商事性)是相辅相成、互相兼顾的,不能只强调其中的一个方面。如果只定位于公共性,则会使一些企业效率低下甚至亏损,损害国家资本的利益;如果将国有企业定位于营利性,那么国有企业将无异于一般的私人企业,而缺失服务于社会公共利益的目标。当国有企业

---

[1] 参见王勇:《新政治经济学视界中的我国公共企业改革》,载《经济体制改革》2007年第1期。

[2] 参见许保利:《中国国有企业的变革》,经济科学出版社2016年版,第248页。

[3] See Richard Pryke, Public Enterprise in Practice, NY: St. Martin's Press, 1972, p.473. 转引自余菁:《国有企业公司治理问题研究:目标、治理与绩效》,经济管理出版社2009年版,第17—18页。

的公益性和营利性相互冲突的时候,有必要舍弃营利性,而追求国有企业的公益性目标,以保障市场机制作用的有效性。①

综上,国有企业既不能离开市场机制又不能完全依赖于市场机制。国有企业合理的经营范式应当是,国有企业更多地担负起提供公共产品和服务的责任,在完成社会任务和实现公众利益的基础上,尽可能地控制生产运营成本。但是,从实际来看,国有企业想同时实现公共性与商事性的价值目标往往难以达到,甚至可能导致无法实现任一目标。国有企业及其监督治理究竟应当如何在公共性与商事性之间实现平衡,是值得探讨的问题。

(二)国有企业的发展历程与问题所在

1. 国有企业的发展历程简述

历史性地回顾我国国有企业的改革历程,能够为理解和推进深化国有企业改革提供有益经验。我国国有企业经历了社会主义计划经济和市场经济两种不同类型和阶段。改革先后经历了扩大企业自主权、利改税、实行承包经营责任制、转换企业经营机制、政企分离、公司制改造、建立现代企业制度、组建国资委和国有经济战略调整和改组等阶段。我国的国有企业已被改造成为社会主义市场经济体制下的现代企业制度。国有企业在中国的社会主义市场经济中是非同一般的特殊企业。② 1978 年改革开放以来,我国国有企业大致可以分为几个改革发展阶段,即 1978 年底至 1984 年 9 月,以放权让利为特征的扩大企业自主权的改革阶段;1984 年 10 月至 1993 年 10 月,以两权分离为特征的转换经营机制的改革阶段;1993 年 11 月至 2012 年 11 月,以建立现代企业制度和实施战略性改组为特征的改革阶段;2012 年 12 月至今,以全面深化改革为特征的改革阶段。③

---

① 参见顾功耘:《国企改制:换汤更须换药》,载《上海国资》2001 年第 8 期。
② 参见金碚:《论国有企业改革再定位》,载《中国工业经济》2010 年第 4 期。
③ 参见黄速建:《国有企业改革和发展:制度安排与现实选择》,经济管理出版社 2014 年版,第 15 页。

(1) 改革开放初期的扩大企业自主权的改革阶段

1978年我国拉开了改革开放的序幕。党的十一届三中全会提出,"以计划经济为主、市场调节为辅"的经济体制改革。国家开始对国有企业实施放权让利,相当一部分国有企业实行了承包、承租经营模式。1984年《中共中央关于经济体制改革的决定》充分肯定了扩大企业自主权的改革举措,明确提出"所有权与经营权分离",使企业成为一个"相对独立的经济实体"。① 决定指出,国营企业在服从国家计划和管理的前提下,有权选择灵活多样的经营方式,有权安排自己的产供销活动,有权拥有和支配资金,有权自行任免、聘用和选举工作人员,有权自行决定奖励方式,有权确定产品价格等。1988年我国颁布《全民所有制企业法》,将企业的权利用法律的形式固定下来,对政府和企业的权利义务关系作了比较全面的规定。它从法律上明确,全民所有制工业企业是依法自主经营、自负盈亏、独立核算的社会主义商品生产的经营单位。企业的财产属于全民所有,国家依照所有权和经营权分离的原则授予企业经营管理权。企业依法取得法人资格,以国家授予其经营管理的财产承担民事责任,是国家授权下的国有企业。企业的领导体制实行基层党委领导下的厂长(经理)负责制。在国家计划的安排下,企业的任务是根据国家计划和市场需求,发展商品生产,创造财富,增加积累,满足社会日益增长的物质和文化生活需要。总而言之,通过这一系列改革举措增强了企业活力,使企业逐渐成为相对独立的经济实体,成为自主经营、自负盈亏的社会主义商品生产者和经营者,具有自我改造和自我发展的能力,成为具有一定权利和义务的法人。

(2) 以两权分离为特征的转换经营机制的改革阶段

1992年,中共十四大指出,我国经济体制改革的目标是建立社会主义市场经济体制,并首次将"国营企业"改称为"国有企业"。1993年1月,党的十四届三中全会关于《中共中央关于建立社会主义市场经济体制若干问题的决定》,全面提出了建立社会主义市场经济体制的目标和基本原则,其

---

① 《中共中央关于经济体制改革的决定》,1984年10月20日中国共产党第十二届中央委员会第三次全体会议通过。

中指出,"对国有资产实行国家统一所有、政府分级监管、企业自主经营的体制","按照政府的社会经济管理职能和国有资产的所有者职能分开的原则,积极探索国有资产管理和经营的合理形式和途径";并要求国有企业遵循"出资者所有权与企业法人财产权分离"的原则,"理顺产权关系,实行政企分开,深化企业产权制度及相应体制的配套改革,逐步建立与社会化大生产和社会主义市场经济发展相适应的现代企业制度"。党的十四届三中全会明确提出建立现代企业制度的改革目标,使国有企业成为自负盈亏、自我发展、自我约束的法人实体和市场竞争主体。同年,我国《公司法》颁布实施,成为建立我国现代企业制度的主要法律依据。国有企业根据《公司法》进行股份制改革,使其成为产权清晰、权责明确、政企分开、管理科学的现代国有企业。当时,国务院确定了100家大型国有企业作为建立现代企业制度的试点单位,初步建立了较为规范的法人治理结构,促进了企业投资主体的多元化和经营机制的转换,企业的决策机制、发展机制和约束机制初步建立。国有企业的公司制改造进一步分离了政企关系,把国有企业真正变为自主经营、自负盈亏、自我约束、自我发展的法人实体和市场竞争主体。

1997年,党的十五大报告中强调,"国有企业是我国国民经济的支柱。搞好国有企业改革,对建立社会主义市场经济和巩固社会主义制度具有极为重要的意义"。要按照"产权清晰、权责明确、政企分开、管理科学"的要求,对国有大中型企业实行规范的公司制改革,使企业成为适应市场的法人实体和竞争主体。这就进一步明确了国家和企业的权利和责任,即国家按投入企业的资本额享有所有者权益,对企业的债务承担有限责任,企业依法自主经营,自负盈亏;政府不能直接干预企业经营活动,企业也不能不受所有者约束,损害所有者权益。1999年,党的十五届四中全会把推进国有企业改革和发展当作一项重要而紧迫的任务,审议通过了《中共中央关于国有企业改革和发展若干重大问题的决定》。全会提出了国有企业改革的基本方向、主要目标和指导方针,认为要"按照国家所有、分级管理、授权经营、分工监管的原则,逐步建立国有资产管理、监督、营运体系和机制,建立与健全严格的责任制度",首次明确提出了国有资产"授权经营"的概念。

(3) 以建立现代企业制度和国有资产管理体制为特征的改革阶段

2000年10月,党的十五届五中全会《关于制定国民经济和社会发展第十个五年计划的建议》进一步提出,"国有企业改革是经济体制改革的中心环节。国有大中型企业要进一步深化改革,建立产权清晰、权责明确、政企分开、管理科学的现代企业制度,健全企业法人治理结构,成为市场竞争主体。积极探索国有资产管理的有效形式,建立规范的监督机制"。产权制度的变革,把国有资产管理体制改革提上重要的议事日程。2003年《企业国有资产监督管理暂行条例》颁布施行,确立了国有资本出资人制度,实现了国有企业资产管理体系的整体性转变。该法确定了国资监管机构(以下简称"国资委")是代表政府履行企业国有资产出资人权利的唯一机构,政府其他部门不履行企业国有资产出资人职责。国资委除履行出资人职能外,不得直接干预企业的生产经营活动,不得直接对企业所投资的企业履行出资人职责。国资委专门履行出资人职责,重塑国有资产监督管理新体系,开辟了国有企业改革发展的新路径。

2006年1月开始实施的《公司法》对国有独资公司和国有控股公司治理结构中的股东会、董事会和监事会的构成等方面作出了专门规定。2006年12月,国务院在《关于推进国有资本调整和国有企业重组的指导意见》中指出,要对国有资本进行调整和重组,进一步推进国有资本向关系国家安全和国民经济命脉的重要行业和关键领域集中,重要行业和关键领域主要包括涉及国家安全的行业,重大基础设施和重要矿产资源,提供重要公共产品和服务的行业,以及支柱产业和高新技术产业中的重要骨干企业。2009年5月《企业国有资产法》颁布,对"国家出资企业"的概念进行了界定,使有企业有了法律上的出资人。《企业国有资产法》第5条指出,"本法所称国家出资企业,是指国家出资的国有独资企业、国有独资公司,以及国有资本控股公司、国有资本参股公司。"

(4) 以全面深化改革为特征的改革阶段

2012年11月,中共十八大报告提出,要毫不动摇地巩固和发展公有制经济,推行公有制多种实现形式,深化国有企业改革,完善各类国有资产管理体制,推动国有资本更多投向关系国家安全和国民经济命脉的重要行业和关键领域,不断增强国有经济的活力、控制力、影响力。2013年11月,党的十八届三中全会通过了《中共中央关于全面深化改革若干重大问题的决定》,明确要求积极发展混合所有制经济,允许更多的国有经济和其他所有制经济发展成为混合所有制经济;完善国有资产管理体制,以"管资本"为主加强国有资产监管,改革国有资本授权经营体制,组建若干国有资本运营公司,支持有条件的国有企业改组为国有资本投资公司;以规范经营决策、资产保值增值、公平参与竞争、提高企业效率、增强企业活力、承担社会责任为重点,进一步深化国有企业改革,推动国有企业完善现代企业制度。

经过30多年的改革发展,我国国有企业取得了丰硕成果,大多数国有企业的盈利能力越来越强,一些国有企业在全球市场竞争中走在了前列。据统计数据表明,我国国有以及国有控股企业总资产从2002年的11.8万亿元增长到2011年的72.1万亿元,年均增长22.3%。2010年我国国有以及国有控股企业实现利润19870.6亿元,同比增长37.9%,其中化工、电力、有色、交通等行业利润增长超过1倍。2011年进入世界500强的中国大陆企业有57家,其中,国有及国有控股企业达到53家。[①] 2003—2011年,全国国有以及国有控股企业(不含金融类企业)营业收入从10.73万亿元增长到39.25万亿元,年均增长17.6%;净利润从3202.3亿元增长到1.94万亿元,年均增长25.2%。2012年1—11月,国务院国资委系统监管企业累计实现营业收入34.2万亿元,同比增长10.3%;实现利润1.7万亿元,上缴税费2.5万亿元,同比增长11.5%;资产总额69万亿元,同比增长15.1%。[②] 截至2012年底,120家中央企业资产总额达31.2万亿元,实现

[①] 参见陈少晖、廖添土:《国有企业进一步市场化改革的方向调试与路径选择》,载《浙江学刊》2013年第1期。

[②] 参见王勇:《国务院关于国有企业改革与发展工作情况的报告》,http://www.npc.gov.cn/huiyi/ztbg/gwygygyqygyfzgzqkdbg/2012-10/26/content_1741236.htm,2014年12月21日访问。

营业收入 22.5 万亿元。①

2. 国有企业改革的主要问题所在

我国国有企业改革已走过了 30 多个年头,从概念上的国营企业到全民所有制企业再到现在的国有企业的更迭,从国家(政府)经营到强调所有权归全民所有的承包制,再到强调政企分开、自主经营、自负盈亏的股份制国有公司的组织模式上的变迁,可以说,过去 30 多年间我国国有企业的改革成果是相当丰硕的。尤其是 1993 年《公司法》颁布后,我国国有企业开始了股份制改造,大量国有企业进行改制,按照公司法建立了股份有限公司和有限责任公司。这就使得一些国有企业从政府干预中脱离出来,成为市场经济活动中的独立主体。国有企业 30 多年来的改革发展历程,充分证明我国国有企业改革所取得的成绩是辉煌的,国有企业在我国国民经济中发挥了重要的支柱作用。国有企业凭借着实力、积累、控制力和影响力,在引导国民经济发展方向,优化产业结构、产品结构和企业结构,促进国民经济科学发展等方面起了调控引导的重大作用。在我国,国有企业在经济建设中发挥着重要的主导作用。

第一,发挥公有制的优势,按照社会主义建设的要求发展生产力,创造社会财富。经过 30 多年的改革探索与发展,国有企业改革取得了显著的成绩,大多数国有企业不仅摆脱了亏损,而且在市场竞争中获得了较大的发展,盈利能力不断增强,国有经济在总量规模和控制力上都达到一个新的高度。国资委成立以来,2002—2013 年,我国中央企业资产总额从 7.1 万亿元增加到 35 万亿元,年均增长 15.6%;营业收入从 3.4 万亿元增加到 24.2 万亿元,年均增长 19.7%;实现利润从 2405.5 亿元增加到 1.3 万亿元,年均增长 16.6%;上缴税金从 2914.8 亿元增加到 1.9 万亿元,年均增长 18.7%;进入世界 500 强企业由 6 家增加到 45 家。②

---

① 参见程承坪:《国有企业目标定位再解构:利益导向抑或本位回归》,载《改革》2013 年第 12 期。
② 参见张毅:《汇聚中央企业改革发展正能量》,http://www.cssn.cn/bk/bkpd_qklm/bkpd_bkwz/201409/t20140928_1346422.shtml,2015 年 3 月访问。

第二，国有企业通过改革，总体经济实力进一步增强。通过考察国有企业近年来的行业布局，可以看出我国国有企业主要分布在工业、交通运输业、邮电通信业和社会服务业，在商业、房地产业和建筑业也有一定的比重。我国国有企业主要分布于石油、电力、电信、国防等关键的工业领域，在冶金、石化、汽车、机械、电子等重要的原材料行业和支柱产业中，国有经济占据支配地位。随着非公有制经济的发展，国有经济占国民经济的比重虽有所下降，但承担着几乎100%的石油、天然气、乙烯生产，全部基础电信服务和大部分增值服务，90%以上的铁路和民航运输周转量，60%以上的高附加值钢材及50%以上发电量的生产和供应等。[①] 这些基础性支柱重点国有企业，承担着保障国民经济最重要的生产资料和基础设施供应的重大任务。

第三，维护国家经济安全，落实国家战略，是保障我国经济安全的重要力量。我国国有企业在经济危机时救助私人企业，保证国家安全；在应对国际金融危机、国际粮食危机、国际原油价格上涨等各类国际突发事件，以及抗击重大自然灾害、保障国家重大活动等方面发挥了维护市场稳定、保障国家经济和政治安全的重要作用。

第四，解决就业，承担政策性负担，履行社会责任，维护社会稳定。国有企业在努力创造条件为社会增加就业机会、吸纳社会剩余劳动力方面作出重要贡献。例如，每一年，中国铁建吸纳200万农民工参与到各项工程建设中，中船集团2012年吸纳12万劳务工就业，中国能建可为近1000名残疾人创造劳动就业岗位。[②]

然而，伴随着国有企业的迅速崛起，我国国有企业改革正处于严峻的攻坚阶段，面临方向性选择考验。国有企业本应具有不同于一般商事企业的特殊性质和目标，而当今中国的国企改革，却背离了国有企业所应承载的公共性目标与责任，一直以来都以寻求商事利益为目标，使其趋同于一

---

① 参见刘建华、付宇、周璐瑶：《我国国有企业性质的重新审视——由"国进民退"或"民进国退"引发的思考》，载《经济学家》2011年第12期。
② 参见白英姿、马正武：《国有企业功能定位与分类治理》，中国财富出版社2015年版。

般性商事企业。国有企业的股份制改造并没有改变官僚体制的弊端,解决企业内部经营不透明和低效率、监督有效性缺失等问题。同时,包含股东会、董事会以及监事会的分权结构模式看起来似乎使得我国国有企业的经营治理模式更加合理,然而却并没有在真正意义上使我国国有企业建立现代科学的企业制度。尤其是我国的国有企业产权主体仍然不够明晰,经营者内部人控制现象严重,企业经营透明度较差,所有权人缺位以及监管上的缺失,造成国有资产流失以及对少数股东和利益相关者利益的损害。这些都促使我们对国有企业的改革路径进行必要的反思。当前,围绕我国国有企业实践呈现出的一些突出问题主要有:

(1) 公共产品和服务的供给严重不足。实行国有企业改革以来,虽然国有企业的数量和布局有所调整,国有经济结构和布局不断优化,逐步向关系国家安全和国民经济命脉的重要行业和关键领域集中,但是,经济和社会发展的整体要求须进一步推进国有企业改革和国有经济结构战略性调整。现阶段我国国有企业的整体布局仍然存有局限性,一方面,一些关系国家安全和国民经济命脉的重要行业和关键领域,特别是私人资本无力或不愿意进入的行业,国有资本的进入依然严重不足。另一方面,在竞争性行业,不需要国有资本大量存在的领域,国有资本比重则过高。相当一部分国有资本配置偏离"关系到国民经济命脉的重要行业和关键领域"的功能定位,不适当地覆盖到大量竞争性产业中,造成国有企业在一般竞争性行业分布过广,基础性和战略性产业投入相对不足;而本应当由国家(政府)承担的基础设施建设以及公共性、服务性事业,却没有受到重视,其教训是深刻的。[1]

(2) 国有企业经营效率偏低。对提供公共产品与服务的国有公共企业而言,受政治决策的干预和官僚体制的影响,这种官商式的经营方式并未真正实现政企分离,反而最终导致亏损严重、财政补贴沉重、服务质量差等问题。关于国有企业的经营效率问题,学界存在不同的观点。梁小民(2012)认为,国有企业本身效率并不高,他们的高利润是靠政府的政策得

---

[1] 参见史际春:《企业和公司法学》,中国人民大学出版社2013年版,第235页。

来的。① 如果除去石油石化、烟草、电信等垄断国有企业的利润,再失去每年国家对国有企业的优惠政策,我国国有企业就几乎没有利润可言。② 也有学者持反对观点,认为国有企业"效率低"与"利润低"是完全不同的概念,应当纠正国有企业的发展会降低经济效率的偏见。很多国有企业的人均利润远低于民营企业,但是人均产出并不一定低于民营企业。③ 由于国有资本大量分散于并不具备明显竞争优势的一般竞争性行业,其结果是,与非公有制经济相比,国有企业适应市场竞争能力较差,经济效益偏低。从1998年至2008年,国有工业企业工业增加值率、产品销售率略高于整个工业企业,但反映经济效率的重要指标,如总资产贡献率、流动资产周转次数、工业成本企业运行效率和经济效益指标低于全国工业平均水平。

(3) 国有企业的利润未用于公共服务和社会民生。国有企业进行市场化改革的初衷应是更好地满足公众生活需要、增加社会福利,但在现实中,很多国有企业往往以追求利润最大化为目标而忽视了公共利益的实现,造成大量的短期投资和重复建设行为。国有企业的红利在分配使用的政策导向上仍然主要用于国企的改革发展,形成"体制内的循环",老百姓并未从国有企业的利润中获得利益。很多学者都主张国有企业的利润应当使用于公共服务和社会民生领域。④

(4) "建立现代企业制度"的要求使得国有企业按照一般企业的规则来规范我国所有的国有企业,这种思路存在缺陷。一些学者也认为,过度地将国有企业进行市场化改革、改制为股份公司制形态,反而不利于国有企业的发展。⑤ 要避免国有公共企业,尤其是一些极其重要的公共部门的国

---

① 参见梁小民:《改革推不动就是利益集团太多》,载《时代周报》2012年3月22日。
② 参见周天勇主编:《现代国有资产管理新模式——出资人制度与大企业国际竞争力》,中国财政经济出版社2003年版,第154页。
③ 参见左大培:《评有关企业"改制"的数据推论》,载《江苏行政学院学报》2005年第4期。
④ 参见陈志武:《该将国有资产股份分给公民,实现"全民所有"》,载《上海国资》2009年第3期;陈少晖、朱珍:《民生财政导向下的国有资本经营预算支出研究》,载《当代经济研究》2012年第4期;廖添土:《国企红利"全民分红"改革探析》,载《湖北经济学院学报》2012年第5期。
⑤ 参见阳东辉:《战略改组后的国有企业治理模式新探》,载《法学家》2000年第4期;蒋大兴:《国企应从公司法中撤退——从"商事公司"向"公共企业"演进》,载《中国工商管理研究》2013年12月。

有企业,过度向公司化的企业治理体制转变的倾向。①

我国上述问题的根本原因还在于对国有企业的功能和目标定位不够清晰。伴随着我国社会主义市场经济体制的建立,国有企业及国有资产管理体制改革不断深化,我国基本经济制度不断完善,国有企业的功能也在发生变化。自改革开放以来的30多年间,从国有企业改革方面,以搞活国有经济、提升经营效率、增强市场竞争力为目标,经营层面、企业制度层面着力改革创新,到以"保值增值"为主导的国有资产管理体制改革,始终把国有企业定位在强化市场竞争主体功能的思路上,将国有企业改造成为现代企业制度,即公司法人的形式,而未能认识到应从功能角度对国有企业进行分类改革,在实施功能分类方面深化相应的改革。

(三)国有企业改革的分类标准

长期以来,我国一直将国有企业作为一个统一的整体来看待,缺乏对国企分类重要性的认识。我国国有企业的分类标准还不明确,从而导致我国国有企业的功能定位不清,无法实现国有企业应有的功能和价值。对国企实施科学合理的分类是研究国资国企改革制度构建的基础,是完善国企监督治理制度的重要依据。分类界定不同国有企业的功能,对于深入推进国有资本管理体制改革,厘清监管部门、市场以及企业主体的关系,监管好国企具有重要的决定性作用。

1. 国内对国有企业分类的主要研究和观点

对国有企业实施分类改革和分类监管已在政府、学界和实务界基本取得共识,研究和观点的差异主要体现在对国有企业如何分类这一问题上。我国学界依据不同的标准对国有企业进行了分类。对这些研究和观点进行系统总结,主要包含以下五类划分方法。

(1)有关国有企业最广泛的分类标准是,依据国有资本在股权结构中的比例,将国有企业分为国有独资企业、国有控股企业和国有参股企业等

---

① 参见黄速建、余菁:《中国国有企业治理转型》,载《经济管理》2008年第19—20期。

形式。依据《企业国有资产法》,进一步按照法律形式和股权结构划分,国有企业则可分为国有独资企业、国有独资公司、国有控股公司和国有参股公司。此外,一般分类体系中还包括按照企业规模大小和行政级别对国有企业进行相应的划分,以及根据国企所处领域和行业的重要性,国资委近年明确了国有经济保持控制力和国有资本保持较强控制力的行业,从而明确了国有企业应当存在于哪些领域,以及必须在哪些产业中发挥不可替代的特殊功能。(如表1-1所示)

表1-1 对国有企业的一般分类

分类标准	类别	相关法律和政策
法律形式	国有独资公司 国有独资企业 国有控、参股有限责任公司 国有控、参股股份有限公司	《企业法》《公司法》
产权结构	国有独资企业、公司 国有控股公司 国有参股公司	《企业法》《公司法》
企业规模	大型企业 中小企业	《中小企业划型标准规定》,1997年曾实施的"抓大放小"政策
行政级别	不同行政级别的企业	主要体现为企业负责人的行政级别和相应的管理
行业	分为20多大类行业,其中制造业又包括20多类细分行业	国家统计局统计口径
	国有经济控制的七大行业,国有资本保持较强控制力的9个行业	国资委《关于推进国有资本调整和国有企业重组的指导意见》
规模绩效等	A、B、C、D、E五类	国资委对央企考核和薪酬管理实践

(2)竞争类企业与非竞争类企业。早在1998年,中国人民大学杨瑞龙教授关于《国有企业的分类改革战略》课题组的报告就率先对国企分类改革进行了探索。其报告认为,不能按照市场化要求把全部国有企业改造成以股份公司为主要组织形式的现代企业制度,而应当根据国有企业提供的产品性质及所处行业的差异,将国有企业分为竞争性和不完全竞争性企业,不完全竞争性企业又可以分为提供公共产品的非竞争性企业与处于基

础产业和支柱产业地位的垄断性企业,并进而选择不同类型的改革战略。①

（3）公益性企业与竞争性企业。《十二五规划纲要》提出要"探索实行公益性和竞争性国有企业分类管理"。2011年12月10日,时任国务院国有资产监督管理委员会副主任邵宁在"2011中国企业领袖（第十届）年会"上,首度提出"具有公益性质的国有企业"概念。邵宁认为,国有经济结构调整将使国企向两个方向集中。这两个方向分别为公益性质的国有企业和竞争领域的国有大企业。公益性国有企业"在中央层面包括如石油石化、电网、通信服务等领域的企业,而在地方包括供水、供气、污水处理、公共交通等方面的企业。"②竞争性国有企业包括宝钢、中粮、一汽、中国建材等企业。同时,邵宁强调,国资委将根据这两类企业的不同特点实施差别性的监管和引导措施。邵宁进一步提出,具有公益性质的国有企业的共同特征包括,产品或者服务关系国民经济发展和人们生活最基本的保障条件;在经营中存在着不同程度的垄断因素,有些是寡头竞争,有些是独家经营;产品或者服务价格由政府控制,企业自身并没有定价权;企业社会效益高于经济效益,经常会承受政策性的亏损等等。有学者将国有企业分为公益性质的国有企业和竞争领域的国有企业。③然而这一分类方式混淆了两种不同的区分标准,竞争性应对应于垄断性为宜。

（4）公共企业与商事企业。代表性的学者观点认为,国企类型化可以考虑按照生产产品和提供服务的性质来划分,将生产公共产品和提供公共服务的企业称为公共企业（以执行公共政策为目的）,生产商品和提供商事服务的企业称为商事企业（以营利为目的）,以及介于商事企业与公共企业两者之间,或兼具商事企业与公共企业两重属性的企业,即"准公共企业"。该观点认为,我国国企类型化改革必须对正在实施的相关国有企业法律制度进行梳理,分清哪些规定是可以继续适用的,哪些规定是不能继续适用、需要废除的;哪些规定是需要修改的,还有哪些规定是需要补缺的。在此

---

① 参见杨瑞龙、张宇、韩小明、雷达:《国有企业的分类改革战略（续）》,载《教学与研究》1998年第3期。
② 白天亮:《国企将分公益性竞争性》,载《人民日报》2011年12月14日。
③ 参见邵宁:《国企分类改革:公益vs.利益?》,载《国企》2013年第7期。

基础上,重新构建适应新一轮改革的国有企业法律制度。应当统筹考虑制定《公共企业法》,明确规定立法宗旨、投资决策体制、治理机制、价格机制、信息披露制度、收入分配制度、补贴制度以及监督制度等内容。① 该种分类方法依据经济学的公共产品理论,以是否提供公共性产品和服务为区分标准,使得国有企业的功能定位更加明晰,具有合理性。

(5) 也有学者提出可将国有企业分为三个大类,即公共政策性企业、特定功能性企业和一般商业性企业。公共政策性企业是带有公共性或公益性的、特殊的国有企业,这类企业数量少,改革方向是一企一制、一企一法,确保企业活动始终以社会公共利益为目标;特定功能性企业具有混合特征,改革方向是坚持市场化主导,同时适度兼顾特定的社会服务功能;一般商业性企业即竞争性国有企业,它的改革方向是全面市场化。②

2. 党的十八届三中全会之后国有企业的分类

我国国有企业正处于进一步深化改革的关键时期,新一轮的国企深化改革势在必行。党的十八届三中全会《关于全面深化改革若干重大问题的决定》(以下简称《决定》)中明确指出:"国有资本投资运营要服务于国家战略目标,更多投向关系国家安全、国民经济命脉的重要行业和关键领域,重点提供公共服务、发展重要前瞻性战略性产业、保护生态环境、支持科技进步、保障国家安全。"《决定》中还指出,"国有资本加大对公益性企业的投入,在提供公共服务方面做出更大贡献;国有资本继续控股经营的自然垄断行业,实行以政企分开、政资分开、特许经营、政府监管为主要内容的改革,根据不同行业特点实行网运分开、放开竞争性业务,推进公共资源配置市场化。"③根据《决定》对深化国有企业改革的要求,政府要处理好与市场的关系,放权于市场,明确哪些是政府应该做的,哪些应该交与市场进行市场化调节,以明确政府的职能,实现市场资源的有效配置。政府办企业的

---

① 参见顾功耘:《国企类型化改革亟待法理应对》,载《中国社会科学报》2013年4月24日。
② 参见黄群慧、余菁:《新时期的新思路:国有企业分类改革与治理》,载《中国工业经济》2013年第11期。
③ 参见《中共中央关于全面深化改革若干重大问题的决定》,2013年11月12日中国共产党第十八届中央委员会第三次全体会议通过。

初衷,应是为了重点提供公共产品和服务的重要行业。

《决定》明确了国有企业新一轮改革的总体基调,确定了国有企业的功能定位和发展目标,为国有企业进一步深化改革奠定了政策基础。为适应当前深化国资国企改革的要求和推动国有企业完善现代企业制度的需要,党的十八届三中全会提出对国有企业分类型进行战略性的调整,为其确定不同的企业组织形式和立法模式。调整后的国有企业应当按照功能性标准进行区分,主要包括两大类:(1) 提供公共产品与服务的公共性国有企业,具体可以细分为主要涉及国家安全、国防战略如航天、军工等关系国计民生的国有企业,以及涉及供电、供水、城市公共基础设施、邮政等具有准公共性的国有企业。为了保证国家和社会的利益,这类企业主要由国家完全持股或部分控股,其治理机构也不同于其他企业,具有一定的特殊性;(2) 提供一般商事性产品和服务的国有企业,对于这类企业则应完全交与市场,通过引入民营资本入股的方式,逐步降低国有股的股权份额,最终将经营主体改造为股权多元化的混合所有制公司,以实现市场化的竞争机制。

以《决定》为基础,中共中央、国务院于2015年发布的《关于深化国有企业改革的指导意见》中明确提出,根据国有资本的战略定位和发展目标,结合不同国有企业在经济社会发展中的作用、现状和发展需要,将国有企业分为商业类和公益类。通过界定功能、划分类别,实行分类改革、分类发展、分类监管、分类定责、分类考核,提高改革的针对性、监管的有效性、考核评价的科学性,推动国有企业同市场经济的深入融合,促进国有企业经济效益和社会效益的有机统一。按照谁出资谁分类的原则,由履行出资人职责的机构负责制定所出资企业的功能界定和分类方案,报本级政府批准。各地区可结合实际,划分并动态调整本地区国有企业功能类别。

在各省市的国企改革中,上海市率先开始了对国有企业分类监管的探索。上海市属国有企业被分为产业类企业、资本经营类及金融类企业与公益性政府投资类企业,前三类企业按《公司法》设立董事会、监事会,将决策层和经营层分开,董事长和总经理分设;而公益性政府投资类企业则只设立监事会,不设董事会,由执行董事兼任总经理。在党的十八届三中全会之后,上海市公布了《关于进一步深化上海国资改革促进企业发展的意见》,提出分类监管国资国企,设立"公共服务类企业,以确保城市正常运行和稳定、实现社会效益为主要目标"。借鉴国务院国资委国企分类研究所采用的"两维度三分法"(即业务属性和国有资本目标两个维度,公共保障业务、特定功能业务、商业竞争业务三个分类),根据市属国有企业主要以竞争性企业为主、兼有功能性和保障性任务的特点,结合市国资委系统企业的目标定位和业务属性,拟将企业化分为三大类。(1) 竞争类。企业经营业务以市场为导向,产业发展为主业,实行商业化运作,以追求企业经济效益为主要目标。(2) 功能类。企业经营业务主要是承担政府特定任务或实现特定功能,以完成任务为主要目标,主要涉及特定区域的开发建设、重大项目建设等领域。(3) 公共服务类。企业经营业务主要是提供公共产品或公共服务,以保障城市运营和服务民生为目标,主要涉及水电、燃气、公共交通、城市公共设施等领域。

广东省同样出台了《关于进一步深化国有企业改革的意见》,重点从功能定位角度出发,将省属国有企业划分为两大类:竞争性国企和准公共性国企。对于准公共性国有企业,重点是强化公共服务功能,提升服务的效率和质量,与政府间形成规范与合理的制度安排,实现服务社会和持续发展双目标。考核上,强化政府对此类企业的指导和监管,重视社会监督,采取经济效益和社会效益相结合的考核方法。

3. 西方国家关于国有企业的分类方法

从西方国家的经验来看,国有企业通常被称为公共企业,以区别于一般商事企业。公共企业主要集中于投资额巨大、建设周期长、具有公共产品性质的公用基础建设(如铁路、桥梁、道路、邮政、水电天然气等)事业,以及具有自然垄断性质的产业(如铁路、通信、烟酒专卖、造币、军事工业等)。由于公共企业主要是由政府兴办的,故其与国有企业的概念在外延上基本上吻合。但是,公共企业毕竟不同于国有企业,国有企业是国家作为所有权主体,而公共企业不仅包括国家所有,也包括地方政府以及地方的公团体行使所有权的企业。

许多西方国家倾向于将国有企业划分为两大类型,一类是承担特殊社会职能的国有企业,包括公共服务性、资源性、垄断性国有企业;另一类则是竞争性国有企业。对于前者,主要采取全资或控股的方式进行管理,以社会目标优先,盈利目标次之;对于竞争领域的企业,倾向于参股管理而非控股管理,考核企业的主要目标是股东利益最大化。美国的国有企业分为政府直接控制、政府参股和出租或承包经营等形式。[①] 德国的国有企业分为公法上的国有企业与私法上的国有企业,公法上的国有企业依据法律地位或政府干预的程度,又进一步可以分为具有独立人格的公法自主机构、非独立法人的公用事业、政府部门和经济联合体四类。[②] 日本一般将公共企业分为三种类型,具体包括政府部门直接控制的不具有独立法人格的官厅企业、依据专门法律设立的独立核算的公共企业体,以及由政府控制的特殊公司(国家控股公司和混合所有制公司)。[③] 可见,这些国家主要依据国家对企业的控制程度和企业的功能定位等标准对国有企业进行分类调整。

4. 关于国有企业分类研究观点的总结

国有企业的分类涉及国有企业在国民经济中的功能定位,科学地界定我国国有企业的类型,是构建和完善国有企业监督法律制度的前提和基础。国有企业的主要功能在于通过公共产品的提供来弥补市场失灵,这是其他类型企业所无法取代的。通过对我国部分省市国有企业管理制度的调研发现,国有资产管理较好的省市,一般对国有企业实施分类监管,以反映不同类别国有企业的功能目标、评价与考核、薪酬激励等方面的差异;而国有资产管理相对落后的省市则对国有企业分类监管的实施还不明确,或者还未进行国有企业的分类。

---

① 参见史际春、龙毕敏、李政浩:《企业国有资产法理解与适用》,中国法制出版社2009年版,第56—57页。
② 参见孙晓青:《德国公共企业在国民经济中的作用》,载《世界经济》1996年第4期。
③ 参见远山嘉博「公企業能率化の要請と経営形態改善の方向」,『追手門経済論集』22(1),1987-09,第164—165页。

通过梳理国有企业的分类标准,按照企业所经营的领域、业务性质、所在产业的市场结构、产权结构、适用的法律等,可以将国有企业分成不同的类别。按企业所经营的领域与业务性质,国有企业可分为公益性的与非公益性的;按企业所在产业的市场结构,国有企业可分为垄断性的与竞争性的;按国有资本在股权结构中的比例,可分为国有独资企业、国有独资公司、国有控股公司和国有参股公司。

邵宁关于"国有企业应当分为公益性和竞争性两类的观点"引发广泛的思考与争论。一部分学者支持其观点,认为这样的分类办法对企业比较公平。现在央企利润较高,大多数来自公益性质国企。而这些公益性质国企在国家经济中的地位特殊,是处于产业链前端的基础性行业,本身还没建立起市场机制。对于竞争领域的国企,分类改革有利于他们成为真正平等的市场竞争主体。反对观点认为,公益性与竞争性并非相对应的两个概念。"应该是公益性和营利性两类。营利性指的是,营利性国企是中国内生增长的最大动力,必须保留。"在经济学上,与"竞争性"相对应的是"垄断性",而非"公益性"。[①] 所以,公益性国企和竞争性国企的两分法逻辑混淆,各自涉及的领域和界限并没有明确,"公益性质"与"竞争领域"的概念界定还不能对国企类型进行全覆盖划分。

根据国务院发展研究中心向党的十八届三中全会提交的"383"改革方案总报告,国有资产管理体制改革被列为8个改革重点领域之一。其中,对国有资产的功能定位是这样表述的:按照提供广义公共产品、提升国家能力、促进社会利益最大化的要求,明确国有资产具有以下4类基本职能。第一类是社会保障职能,重点是为养老、医疗、教育、住房、减贫、社会救助等方面的社会保障职能提供支持。第二类是提供非营利性公共服务职能,主要涉及基础设施、基础产业中的普遍服务部分。第三类是促进战略型产业稳定、竞争和创新的职能,主要涉及能源、交通、通信、金融等领域。第四

---

① 参见程民选、王罡:《关于公益性国有企业的理论探讨》,载《当代经济研究》2014年第3期。

类是保障国家安全的职能,涉及国防领域。①

综上所述,根据对现有研究观点的总结和党的十八届三中全会的政策界定以及《关于深化国有企业改革的指导意见》的规定,国有企业大致分为两类标准,一类是提供重要公共产品包括准公共产品和服务的领域(如国防、军工、国土管理、医疗卫生和环境保护等),以及一些自然垄断领域和基础设施领域(如能源、交通运输、宇航、通信、水利等)的企业,主要以弥补市场缺陷、实现社会公共利益为目的,进而保证经济安全、国家安全和社会安定;另一类则是以营利为目的,基本上与其他一般商事企业一样进入市场竞争性领域参与投资经营的国有企业。

二、国有公共企业的内涵界定与立法调整

本节对国有公共企业不同于国有商事企业的特殊性质和目标进行诠释,揭示出国有公共企业首要且最根本的目标是实现社会公共利益,指出当前我国国有企业的构成形态正处于从以国有商事企业为主向国有公共企业为主过渡的时期。本节进而分析不同国有企业之间存在差异,应当分别适用不同的法律调整,也就是说,国有公共企业应当由专门立法对其进行调整。

(一)国有公共企业的内涵界定

在对国有公共企业的内涵进行界定之前,首先有必要了解与其相关的概念,即公共产品。所谓公共产品,是指那些消费不具有排他性但收费存在困难的产品,即公共产品一旦提供出来,生产者就无法排斥那些在消费时不为这些产品付费的搭便车行为。因此,为了保证最优化的公共产品供应量,就只能由政府用向国民征税获取的收入来提供公共产品。根据萨缪尔森的分析,西方经济学界推导出关于公共产品的两个非常重要的属性,

---

① 参见《"383"改革方案总报告全文》,http://finance.china.com.cn/roll/20131028/1916707.shtml,2015年3月15日访问。

即非排他性(nonexclusive)和非竞争性(nonrival)。排他性是指个人被排除在消费某种产品的利益之外。私人产品的排他性意味着消费者为该产品付费后,其他人就不能享用此种商品或劳务所带来的全部效用。而公共产品的消费是集体进行、共同使用的,其使用价值在不同的消费者之间不能分割,无法在技术上有效排他;或技术上可行但是排他的成本过于昂贵而缺乏可行性。所以公共产品具有非排他性,即公共产品一旦被提供,即使不付费也能对其进行消费,和付费者同样享有公共产品带来的益处。非竞争性是指一个人对公共产品的消费不减少或不影响其他人对这种产品的消费,即增加一个人消费公共产品的边际社会成本等于零。①

萨缪尔森定义的公共产品属于完全意义上的纯公共产品,这在理论上是成立的,然而在现实社会中,大量存在的是介于公共产品与私人产品之间的准公共产品。布坎南认为,"任何集团或社团因为任何原因决定通过集体组织提供的商品或服务,都将定义为公共商品或服务"。公共物品不仅包括严格意义上的"纯"集体商品,还包括"公共性"从0%到100%的其他商品或服务。②纯公共产品分布在如国防、公安系统、公共道路、路灯、下水道、城市美化、污染控制等领域。在现实经济生活中,纯粹的公共产品或服务与纯粹的私人产品或服务并不十分普遍,大量存在的是介于纯公共产品与私人产品之间的准公共产品。所谓准公共产品,是指具有不完全的非竞争性和非排他性的社会产品。一般而言,准公共产品应当具备三种特征:一定程度的非竞争性、非排他性、公益性。③准公共产品如水、电、气、公立学校、公立医院、公共文化设施、城市自来水和煤气、机场、公路、桥梁、邮政、电信等产品和服务。从其生产过程来看,是由政府投资、政府组织运营的;从其需求来看,牵涉千家万户、国计民生,具有极强的成为公共产品的必要条件。但出于资源配置和经营效率的考虑,这些行业也引进了部分私人资本,甚至外国资本,加上供应的有限性,花钱较多者能消费到更多的产

---

① 参见钟雯彬:《公共产品法律调整研究》,法律出版社2008年版,第5页。
② 参见〔美〕詹姆斯·M.布坎南:《民主财政论——财政制度和个人选择》,商务印书馆1993年版,第12页。
③ 参见秦颖:《论公共产品的本质》,载《经济学家》2006年第3期。

品和服务,而无支付能力者则无法消费,这就使其带有私人产品的性质。对于这些准公共产品或劳务而言,从公共产品角度和国有资本的公益性出发,理应由国有资本来完成;从其私人产品性质和资本逐利性特征来看,则由私人投资更为合适。国有投资虽能满足公益性,但缺乏效率;私人投资虽然有效率,但在逐利性驱使下可能制定高价格而使社会成员负担高成本。

从公共产品理论出发,在经济活动中提供公共产品或准公共产品的这一类企业往往被称为"公共企业"。由于提供公共产品或准公共产品的行为正体现了公益性特征,故实践中也常常将这一类企业称为"公益性企业",同时也存在"公用企业"等提法。目前我国立法对这一类企业还没有明确的概念。从政策层面而言,中共中央、国务院《关于深化国有企业改革的指导意见》提出将国有企业分为商业类和公益类。采用商业类没有采用竞争类的提法,主要考虑到竞争与垄断相对应,将某些企业命名为竞争类容易引起其他类别企业是垄断企业的误解。公益类企业是指这类企业的属性和功能定位具有公益性质,主要存在于公共服务行业和领域,而并非通常意义上的救助灾害、扶贫济困、福利事业等公益事业。[①] 但是,公益类国有企业的提法具有一定的局限性,有观点认为,公益性国有企业不应当包含盈利的国有企业,比如我国盈利领域的石油石化、电网、通信等国有企业就不应当归入公益性国有企业。[②] 也有学者认为,指导意见仅将水电气热、公共交通、公共设施等纳入公益性领域,而把本应具有公益属性的石油天然气主干管网、电网等重要基础设施划归商业类领域,这也存在不妥之处。[③] 也有学者提出,应当在概念上用国有公共企业取代公益类国有企业,并以公共企业制度指导特殊国企的制度设计和国企分类改革。"公益性国有企业概念存在理论缺陷,公益概念本身存在不确定性和边界不清的问

[①] 参见《〈关于深化国有企业改革的指导意见〉学习读本》,中国经济出版社2016年版,第55页。
[②] 参见程民选、王罡:《关于公益性国有企业的理论探讨》,载《当代经济研究》2014年第3期。
[③] 参见胡改蓉:《论公共企业的法律属性》,载《中国法学》2017年第3期。

题,将一些垄断性国有企业也划归为公益类国有企业,混淆了公益与竞争、垄断的概念。"①

相类似的概念还有"公用事业"。史际春、肖竹(2004)认为:"公用事业大致而言是指为公众或公众的一部分提供产品或商品,或由公众使用的业务和行业"。公用事业的概念主要来源于我国的两个立法文件,一是1993年国家工商行政管理局颁布的《关于禁止公用企业限制竞争行为的若干规定》,其中称公用事业包括"供水、供电、供热、供气、邮政、电讯、交通运输"等行业;二是2002年建设部颁布的《关于加快市政公用行业市场化进程的意见》,其中将市政公用事业界定为"供水、供气、供热、公共交通、污水处理、垃圾处理等经营性市政公用设施"以及"园林绿化、环境卫生等非经营性设施"。由此可以看出,公用事业虽然是为了满足公众的需要而提供产品,但主要集中于市政建设领域,从外延上来说范围过小。立法文件以列举方式概括公用事业的概念,难以囊括所有提供公共产品和服务的企业。

市场经济发达的国家中普遍存在一个重要的概念即"公共企业"(Public Enterprise,也译作"公营企业"),其含义比国有企业的更广,还包括政府不拥有所有权但可以用特殊的(指非针对一般企业的)法律规范对其施加支配性影响的企业。②例如,美国联邦政府直接拥有的典型公共企业包括田纳西流域管理、邮政、铁路客运、公共广播等领域。在日本,通常也将提供公共产品和公共服务的企业称为"公共企业"或者"公企业"。我国经济学界代表性的观点是将国有企业区分为国有公共企业和国有非公共企业。例如,黄速建(2008)认为,在公共企业中,公共资源与企业经营性活动结合的具体方式可以是多样化的。有一些公共企业,其产出带有公共性,这些企业向社会提供的最终产品和服务具有公共产品的性质;一些公共企业,虽然最终产出不具有公共性,但其经营过程带有公共性,比如,有些企业在经营活动中大量使用重要资源,或者是它们在经营过程中的行为可能产生

---

① 张安毅:《论公益性国有企业概念的理论缺陷与公共企业制度的建立——以中国国企分类改革为背景》,载《东疆学刊》2014年第10期。
② 参见黄速建:《国有企业改革和发展:制度安排与现实选择》,经济管理出版社2014年版,第74页。

显著的外部性；还有一类公共企业，其初始投入即带有公共性，它们由公共资源出资设立，或由非公有资源出资设立但后来被收归国有。① 从法学视角，顾功耘（2013）提出将国有企业区分为生产公共产品和提供公共服务的"公共企业"和"商事企业"，也使用了"公共企业"的概念。② 蒋大兴（2013）也提出应当采用"公共企业"的概念，认为公共企业包括运用公共资金（特别是财政资金）或者进入公共领域（提供公共服务）的企业，包括现有的国企，以及进入公共领域的私人企业。国企无论是从事竞争性行业，还是非竞争性行业，因其运用了公共资金，都应当属于公共企业。③

本书认为，以公共产品供给理论为基础，我国有必要参考国外的做法，并综合考虑国内学界的观点，从功能上对国有企业进行合理划分。有鉴于此，本书将研究对象限定为"国有公共企业"，指提供公共产品和服务的国有企业，其产出或经营活动过程天然具有显著的公共性，而将提供一般商事性产品与服务的国有企业称为"国有商事企业"。

（二）国有公共企业专门立法的必要性

党的十八届三中全会决定明确指出，要"准确界定不同国有企业功能"。根据党的十八大和十八届三中全会的精神，对国有企业功能进行科学分类以及分类完善国有企业公司治理，是当前深化国资国企改革的关键措施。顺应类型化改革和混合所有制的方向，我国的国有企业有必要进行法律上的调试，以适应变革中的国企发展。国有企业改革的方向不是要让所有的国有企业都普遍地模仿一般商事企业的运行机制，建立现代企业制度，也不是要把所有的国有企业改制为一般商事性质的公司制企业。如果按一般的现代企业制度对企业进行改制，则这些企业在性质上将不再是国有企业，或不再是纯粹的国有企业（可以是其他形式的公有制企业或混合

---

① 参见黄速建：《国有企业改革和发展：制度安排与现实选择》，经济管理出版社2014年版，第128页。
② 参见顾功耘：《国企类型化改革亟待法理应对》，载《中国社会科学报》2013年4月24日。
③ 参见蒋大兴：《国企应从公司法中撤退——从"商事公司"向"公共企业"演进》，载《中国工商管理研究》2013年第12期。

所有制企业)。要保持国有企业的性质,实质上就不是要建立一般的现代企业制度,而是要建立现代国有企业制度。① 国有企业特别是国有公共企业应当通过专门的立法,对国有企业的组织结构、经营目标、经营范围、经营战略等各方面作出明确的界定,以区分于国有商事企业。这种公法性质决定了国有企业在市场经济环境中是一种特殊的企业,其管理层不能独立于政府。② 由于我国国有公共企业的法律适用还不明确,健全和完善国有公共企业法律制度具有一定的复杂性,迄今仍没有专门的企业法对其进行调整,对其是否适用普通商事公司法在学界也不十分清楚。由此可见,有必要依照功能性标准对国有企业进行分类,在国有公共企业与国有商事企业进行区分的基础上,针对不同类型的国有企业进行分类制度设计。

事实上,早在《决定》之前,国内学术界已经就分类改革前提下国有企业的法律适用问题提出见解。王保树(2000)从是否采用法人模式的视角出发,提出对于国有经济需要控制的行业和领域的国有企业,涉及国家安全的行业和自然垄断行业的企业宜采用独资企业的形式,即采用类似国外公法人的形式,实行国有国营和较严格的控制。③ 王红一(2002)明确了公共企业的法律定位,认为立法应区分国有企业的不同经营性质,分类进行规范并将其纳入以企业组织形式为标准建立的企业法体系中,对公共企业进行专门统一立法;对其他国有企业按一般商事企业同等规范;将《公司法》中"国有独资公司"的相关规定归入《公共企业法》的规范范围,廓清我国企业立法体系。④ 顾功耘(2006)认为国有企业改制有两种结果,一种结果是改成非国有企业,完全按照《公司法》运作;一种结果是保留了国有企业的性质,则应当按照《国有公司法》运作,且必须建立适应国有企业改革发展的特殊规则。⑤ 不必为每一个企业单独立法,但可为这一类企业统一

---

① 参见陈佳贵等:《中国国有企业改革与发展研究》,经济管理出版社2000年版,第68页。
② See Michael J. Whincop, Corporate Governance in Government Corporations, Ashgate Publishing Limited, 2005, p.67.
③ 参见王保树:《完善国有企业改革措施的法理念》,载《中国法学》2000年第2期页。
④ 参见王红一:《我国国有企业的政策定位与若干立法问题探析》,载《河北法学》2002年第2期。
⑤ 参见顾功耘等:《国有经济法论》,北京大学出版社2006年版,第304页。

立法，规定它和国家的关系、人事任免、企业运营规则等。而对于提供重要公共产品和服务的行业、支柱产业和高新技术产业的骨干企业，宜采用公司形式即国外私法人的形式，一律适用公司法的规定。① 蒋大兴（2013）认为，应从功能主义的角度出发制定统一的《公共企业法》，用功能主义视角规范所有公共企业的含义、目标（功能）、设立、公司治理、财务制度、信息披露、监管、解散以及法律责任等事项。通过设立专门的《公共企业法》，对包括国企在内的所有公共企业作出一般性规定，有利于破除行业保护，使国企能真正体现和维护公众利益。②

经济学界相类似的观点也认为，国有企业的特殊性决定其必然会有一些特殊的权利和义务，必须有一些特殊的法律和政策来规范其特殊的行为和关系，例如，国有企业的主要经营方向由国家决定，包括特许经营某些特殊业务；国有企业负有实现特殊社会政策目标的义务；国有企业高级管理人员的人事制度由国家制定；国家审计机关有权对国有企业进行财务审计等。③ 也有学者指出，国有企业应当建立非法人的治理模式，并强调国家对国有企业承担无限责任是非法人治理模式的核心。④

从以上关于国有企业立法调整模式的学术观点来看，总体上都是支持国有企业要进行类型化的调整，对于哪些国有企业改为国有公司，哪些国有企业改为非国有公司或者非法人的企业形态，应有整体规划。⑤ 因此，我们有必要依据国有企业的功能将其区分为不同类型，分别适用不同的立法模式。对于提供公共性产品和服务的公共性国有企业，有必要进行专门的立法规制，对其全部的经营活动进行法律规范，并对其治理结构进行专门的制度安排，因为其与实现完全民营化的一般商事企业存在根本的区别。对于公共性国有公司而言，尽管在公司经营和治理结构方面适用了《公司

---

① 参见王保树：《完善国有企业改革措施的法理念》，载《中国法学》2000年第2期。
② 参见蒋大兴：《国企应从公司法中撤退——从"商事公司"向"公共企业"演进》，载《中国工商管理研究》2013年第12期。
③ 参见金碚、刘戒骄、刘吉超、卢文波：《中国国有企业发展道路》，经济管理出版社2013年版，第68页。
④ 参见阳东辉：《战略改组后的国有企业治理模式新探》，载《法学家》2000年第4期。
⑤ 参见顾功耘：《〈公司法〉修改与公司法律制度的完善》，载《法学》2004年第7期。

法》的很多规范,但是由于其必须考虑公共利益,具有公共性目的,故而不同于完全由公司股东自主决定、公司治理模式遵循股东利益最大化的一般商事国有公司。"国有企业作为特殊的公司法人,《公司法》中的一般规则是不能适应国有企业改革发展的,必须建立国有企业的特殊规则。"①而那些提供一般商事性产品与服务的国有企业,则可以直接适用《公司法》的规定。

三、国有公共企业监督治理之性质诠释

本节依据企业治理理论,结合国有公共企业的公共属性,解析国有公共企业监督治理的本质。一方面,剖析企业的内部和外部的双层监督机制。由于部分外部监督机制并不能对国有公共企业提供的公共产品与服务进行有效规制,故本书侧重于对内部监督机制的研究,尤其是监事会、外部董事、内部审计、委派财务总监和作为利益相关者的职工民主监督等核心制度。另一方面,对于作为体现政党意志的党组织监督也进行了讨论。在决策权、执行权与监督权三权分立、相互制衡的现代企业组织结构的基础上,分析国有公共企业监督治理的地位、功能与价值。

(一)国有公共企业治理结构的特殊性

在探讨国有公共企业的监督治理结构之前,不得不涉及一个被学术界广泛研究和争论的前提概念——企业的治理结构,因为企业的监督机制属于企业治理结构的重要组成部分。1999年OECD在其制定的《公司治理原则》中界定了"公司治理"的概念:指有关公司的经理层、董事会、股东和其他利益相关者之间的一整套关系体系。公司治理提供了一个框架,通过该框架来确立公司目标、决定实现目标的措施和绩效监控。② Shleifer and

---

① 顾功耘等:《国有经济法论》,北京大学出版社2006年版,第303—304页。
② 参见经济合作与发展组织:《OECD公司治理原则》,张正军翻译,中央财政经济出版社1999年版,第9页。

Vishny(1996)认为,公司治理狭义上是指在所有权和管理权分离的情况下,投资者与上市企业之间的利益分配和控制关系;广义上则是指关于企业组织方式、控制机制、利益分配的所有法律、机构、文化和制度安排。吴敬琏(1994)也指出,所谓公司治理结构,是指由所有者、董事会和高级执行人员即高级经理人员三者组成的一种组织结构。在这种结构中,上述三者之间形成一种制衡关系。钱颖一(1995)认为,公司治理结构是一套制度安排,用以支配若干在公司中有重大利害关系的团体——投资者(股东和贷款人)、经理人员、职工之间的关系,并从中实现经济利益,配置和行使控制权,监督和评价董事会、经理人员、职工,如何实施激励机制。林毅夫(1996)认为,所谓公司治理结构是指所有者对企业的经营管理进行监督和控制的一整套制度安排。法学界学者则从法学的角度对公司治理结构的内涵进行界定。王保树(2000)认为,公司法人治理结构的核心是公司的管理监督机制,目标是最大限度地实现公司利益,进而满足股东长期的最大利益。① 崔勤之(1992)指出,公司的治理结构是为了维护股东、债权人以及社会公共利益,保障公司正常有效地运营,由法律和公司章程规定的有关公司组织机构之间的权力分配与制衡的制度体系。② 从上述学者的观点可以看出,经济学学者倾向于将公司治理看成一种利益分配的制衡机制,而法学学者更强调公司治理是股东对公司的监督机制,核心是对出资人或者股东利益的保护。

国有公共企业具有不同于国有商事企业的一定的特殊性。国有公共企业的特殊性主要体现在几个方面:第一,产品或服务关系国民经济发展和人民生活最基本的保障条件;第二,在经营中存在着不同程度的垄断因素,有些是寡头竞争,有些是独家经营;第三,产品或者服务价格由政府控制,企业自身并没有定价权;第四,企业社会效益高于经济效益,经常会承受政策性的亏损;等等。国有公共企业的特殊性决定了其治理结构也不同于国有商事企业,国有商事企业侧重经济价值,而国有公共企业因以弥补

---

① 参见王保树:《完善国有企业改革措施的法理念》,载《中国法学》2000年第2期。
② 参见崔勤之:《对我国公司治理结构的法理分析》,载《法制与社会发展》1992年第2期。

市场失灵为目的,提供民营企业不能或不愿提供的公共产品和服务,所以应当主要以社会价值为主,以实现公共利益作为首要目标。有观点指出,我国国有公共企业的治理问题长期以来被混杂在国有非公共企业治理问题之中,几乎没有人从企业治理层面系统分析国有公共企业与国有非公共企业的区别。① 国有公共企业的目标不同于商业性国有企业的目标,其目标的特殊性使其需要一系列不为一般公司所必需的企业治理安排。国有非公共企业的监督治理机制可以与市场经济发达国家的国有公司监督治理机制趋同,但是国有公共企业理应在汲取现代公司治理的有益成分的同时,保留相当数量的特殊性制度安排。②

国有公共企业的公共属性要求其主要应当按照国家利益的需要,借助于国有企业的生产经营活动,达到国家对社会经济活动有效调节的目的。此时,国有资本的作用就是要凸显其服务社会的功能。这类企业的存在首先要满足特定的社会保障目标,其效率或利润指标往往要服从于公共性目标。因此,不同于以市场化和实现经济效益导向为主的国有商事企业,国有公共企业的治理结构不能简单地以经济效益为主进行考核,而应当以社会效益为主,兼顾国有资本的保值和增值。具体而言,应以提供的公共产品和服务满足城市发展和市民生活服务需求的导向为主,以完成政府工作任务和提供安全优质高效的公共服务为主,以实现社会效益为重点。

黄速建、余菁(2008)提出建议,国有公共企业治理的进一步转型,一是要通过行政管理体制的创新,更好地保障国有公共企业必要的和合理的自治权。同时,尽量避免可能出现的内部人控制问题。二是要避免国有公共企业尤其是一些极其重要的公共部门的国有企业过度向公司化的企业治理体制转变的倾向。三是要强化以法制企的思想,不断完善关系到国有公共企业全部经营活动的法律法规和政策体系。③ 从目前的总体情况来看,我国国有公共企业实行的是一种混合型的企业治理体制,这种体制脱胎于

---

① 参见黄速建:《国有企业改革和发展:制度安排与现实选择》,经济管理出版社 2014 年版,第 132 页。
② 同上书,第 7 页。
③ 参见黄速建、余菁:《中国国有企业治理转型》,载《经济管理》2008 年 9 月。

行政化的企业治理体制,以建立公司化的企业治理体制为当前的改革重点,但又在不少具体的制度安排上以发展法治化的企业治理体制为方向。①

国有公共企业治理结构的特殊性意味着国有公共企业具备不同于国有商事企业的特殊的股权结构,如有些研究支持公共服务国家可以独资或绝对控股,而竞争性企业的股权可以多元化。② 国有公共企业由于要完成社会目标并主要以社会效益考核其资产的运营效率,因此一般应采取国有独资的形式,在某些特定条件下也可推行投资主体的多元化,但必须以满足社会目标为前提。对于一些关系到国计民生的战略性国有公共企业,应在保持国有资本控股地位的条件下,推进产权多元化的股份制改造,在保持国有资产保值增值的同时,更好地服务国家战略,保障国家安全和国民经济运行,发展前瞻性战略性产业。③ 因此,有必要通过专门立法将国有公共企业界定为特殊的公共企业法人,明确规定国有公共企业的功能定位与职责范围,建立以监事会或者董事会下的监督行权机制为核心的监督治理机制,以确保国有公共企业实现社会公共利益的目标。

(二)完善国有公共企业监督治理法律制度的必要性

Shleifer and Vishny(1997)将公司治理机制区分为内部和外部两类治理机制。其中,外部治理结构包括公司治理的公司控制权市场、市场竞争、法律监管途径、媒体作用等,是内部治理结构的外部制度环境;而内部治理结构成为外部治理结构实施的最终体现,包括大股东、董事会和监事会、薪酬合约设计和利益相关者利益的平衡等内部控制系统。④ 正如前文所述,监督制度在企业治理中占据着至关重要的位置,监督机制是公司治理结构的核心内容,这就必然要求一套完整而严密的法律制度对其运作进行规范。

---

① 参见黄速建:《国有企业改革和发展:制度安排与现实选择》,经济管理出版社 2014 年版,第 135 页。
② 参见黄群慧、余菁:《新时期的新思路:国有企业分类改革与治理》,载《中国工业经济》2013 年第 11 期。
③ 参见杨瑞龙:《简论国有企业分类改革的理论逻辑》,载《政治经济学评论》2015 年第 6 期。
④ See Andrei Shleifer and Robert W. Vishny, A Survey of Corporate Governance, The Journal of Finance, 1997, 52 (2), pp. 737—783.

公司治理结构所采取的方式更多的是强调监督,同样也包含内部监督和外部监督两部分。所谓法人内部监督,指的是基于法人内部机能的构造,特别是公司法人治理结构决策、执行、监督三项职能分开所形成的严格的内部监督体系下的国有资产监督体制。内部监督具体可以包括股东大会的监督、监事会监督、外部董事以及委派的财务总监、内部审计监督,同时将职工民主监督也作为内部监督的重要形式。外部监督可进一步分为公权监督和社会监督。前者主要指法定的国家机关或者法律授权的组织在法定权限内对公司行为进行的监管活动;后者则是指社会公众依法享有对公司行为进行监督的权利。[①] 由此可见,国有企业的外部监督通常以国家公权力和社会公众为依托,具体包括国家审计机关的监督和委托注册会计师的监督、信息披露、市场和公众舆论等社会监督等。

对于公司的监督制度而言,内部监督机制是决定公司监督机制有效发挥作用的内因,内部监督是外部监督发挥作用的基础。相比外部监督机制,公司内部监督是一种积极主动的全过程监督,无论是监事会还是独立董事,他们能更及时、准确、有效地获取相关信息,较之公司外部监督更具有实效。[②] 同时,内部监督机制侧重于事前监督,监督范围广,监督成本小。

2000年10月,党的十五届五中全会《关于制定国民经济和社会发展第十个五年计划的建议》进一步指出,"国有企业改革是经济体制改革的中心环节。国有大中型企业要进一步深化改革,建立产权清晰、权责明确、政企分开、管理科学的现代企业制度,健全企业法人治理结构,成为市场竞争主体。积极探索国有资产管理的有效形式,建立规范的监督机制。"党的十六届三中全会决定明确提出要求"完善公司法人治理结构"。但在推进国有企业分类改革的实践中,企业治理模式的选择与构建必须基于或适应市场化体系发育的现实基础,当前更应着眼于企业内部治理机制的形成及其功能的强化。

---

① 参见朱慈蕴等:《公司内部监督机制:不同模式在变革与交融中演进》,法律出版社2007年版,第21页。

② 同上书,第23页。

近年来，我国国有企业中因腐败造成国有资产流失的案例比比皆是，尤其是2013年3月以来，中国石油天然气集团公司副总经理、大庆油田有限责任公司总经理王永春等四人，国务院国资委主任、中国石油天然气集团公司原总经理蒋洁敏，中石油集团总会计师兼集团财务资产部总经理、昆仑能源董事长温青山等中石油集团重量级高管纷纷落马，这些典型案例对国资监管和监督治理结构的完善提出了迫切要求。最高检检察长曹建明指出，最高检致力于平等保护各种所有制经济。2014年，检察机关查办国有企业经营、管理、改革中的职务犯罪6158人，保障了国有资产安全。①国有企业内部高管的腐败问题及其严重后果确实令人触目惊心和深恶痛绝，而腐败背后所隐藏的深层次问题则是监督制度上的缺失。时任国资委主任李荣融在总结教训时曾指出，最重要的原因是企业规范的公司治理结构没有建立健全，保证权力规范运作的体制机制还不完善，企业主要负责人权力过于集中，缺乏有效监督制约，容易导致滥用权力。②

深化企业改革，从根本上来说，就是要完善监督治理结构尤其是内部监督治理结构，形成监事会、董事会下的监督机制以及利益相关者的民主监督等机制间的相互协调，共同履行监督职责，而建立企业的分类治理与分类监督亦是其构建完善监督体系的必然选择。虽然强化公司的外部监督也是非常必要的，但是完善公司内部的监督机制所具有的防患于未然的优势及其对外部监督机制的支撑作用，应该是完善我国公司监督机制的当务之急。③有鉴于此，本书以内部监督机制为核心内容，重点讨论了国有公共企业的监事会、外部董事、内部审计、委派财务总监以及作为利益相关者的职工民主监督等监督机制，同时对于作为体现政党意志的党组织监督也进行了讨论。

---

① 参见《曹建明：去年查办国有企业经营管理改革中的职务犯罪6158人》，http://lianghui.people.com.cn/2015npc/n/2015/0312/c394473-26681447.html，2015年5月3日访问。
② 参见《国资委主任李荣融：陈同海案教训"十分深刻"》，http://news.hexun.com/2008-03-06/104239059.html，2015年5月3日访问。
③ 参见朱慈蕴等：《公司内部监督机制：不同模式在变革与交融中演进》，法律出版社2007年版，第24页。

第二章
我国国有公共企业监督治理制度现状与问题

本章通过梳理我国国有公共企业监督治理的制度规范，重点对国有公共企业从监督主体、监督组织构造、监督激励与责任等层面，对外派和内设监事会、董事会监督行权机制以及职工民主监督机制等核心监督机制进行研究，在梳理制度和分析案例的基础上，剖析现有监督制度未能有效发挥作用的主要原因。

一、主体论：监督职能之承担者

国有公共企业监督治理职能的发挥涉及企业内部的股东（出资人）、经营管理者、职工等各方面的利益主体，从而形成股权监督（股东即出资人的监督）、决策监督层的监督（董事会的监督）、监事会的专门监督和职工监督（利益相关者的监督）等四个层面的监督，本节全面分析我国国有公共企业的监督主体，揭示其各自的本质及相互关系。

（一）出资人（股东）监督

所谓出资人（股东）的监督，是指公司股东基于其自身利益所进行的监督，就所有与经营分离的角度而言，其监督的性质应是所有者的监督，是最高层次的监督。公司制的国有企业采取的"股权模式"，指国家享有股东权、企业享有法人所有权与经营权的产权结构与治理模式。为了保护投资者利益、保证公司制度的合理性，股东日常监督机制便成为公司的一种内生机能，加强股东委托的日常监督成为健全监督制度的客观要求。

出资人是一个市场概念，即公司的股东。股东应当在公司立法规定的框架范围内行使自己的权利和承担相应的责任。根据《公司法》的规定，我国公司中的股东享有资产收益、参与重大决策和选择管理者等权利。公司立法通常赋予出资人(股东)各种监督权利，具体包括以下内容：(1) 出席或委托代理人出席股东会或股东大会，行使表决权。(2) 依法转让股份(股权)；有限责任公司股东可优先购买其他股东转让的股权。(3) 股东有权查阅公司章程、股东名册、公司债券存根、股东大会会议记录、董事会会议决议、监事会会议决议、财务会计报告；有限责任公司股东有权查阅、复制公司章程、股东会会议记录、董事会会议决议、监事会会议决议和财务会计报告，可以查阅公司会计账簿。(4) 按其股份持有比例或章程规定取得股利。(5) 公司清算时，清偿公司债务后的剩余财产，按照股东持有股份比例分配。(6) 公司发行新股时，享有新股认股权(有限责任公司股东为优先认缴公司新增的资本)。(7) 请求召开股东大会(股东会)和自行召集及主持股东大会(股东会)。(8) 提出临时提案。(9) 对董事、监事、高级管理人员进行质询。(10) 请求董事会、监事会提起诉讼；为了公司利益，直接向人民法院提起代表诉讼；提起请求人民法院撤销股东大会决议、董事会决议的诉讼；(11) 对董事、高级管理人员提起损害赔偿诉讼。

具体到国有企业而言，从政策层面，党的十八届三中全会作出的《中共中央关于全面深化改革若干重大问题的决定》中阐明了国有企业与全民之间的逻辑关系，即"国企属于全民所有，是推进国家现代化、保障人民共同利益的重要力量。"从立法层面，《企业国有资产法》第3条明确规定："国有资产属于国家所有即全民所有。"国务院作为中央政府代表国家行使国有资产所有权。鉴于国务院无法事无巨细地行使代理权，故国务院进行二次授权，将国有资产所有权委托于国有资产监督管理机构来行使。为此，我国国有企业的所有者或者股东就是国有资产监督管理委员会(以下简称"国资委")，其中的监督管理被简单理解为"监管"。一直以来，在国资委职责的承担方面存在着争议，主要体现于对国资委的角色定位，究竟是履行出资人职责还是监管人职责的问题。如果将国资委作为出资人,则其作为出资人(所有者)行使监督权,从性质上讲是一种私法权利;而如果将国资委定位为监管者,则国资委有权代表国家和政府享有对国有企业及其出资人的监督权,从本质上说属于公权力范畴。私法权利与公法权力的行使目标是不一样的,私法权利的行使以追求自身利益的最大化为目标,而公权力则以社会公共管理职能为己任,以社会秩序的稳定为目标。①

2003年《企业国有资产监督管理暂行条例》较为明确地规定了国有资产监管机构的职责,即"国有资产监督管理机构不行使政府的社会公共管理职能,政府其他机构、部门不履行企业国有资产出资人职责。""所出资企业及其投资设立的企业,享有有关法律、行政法规规定的企业经营自主权。国有资产监督管理机构应当支持企业依法自主经营,除履行出资人职责以外,不得干预企业的生产经营活动"。② 这就从立法上明确了国资委代表政府行使出资人职责,改变了国有资产多头管理、"九龙治水"、管理职责不清的混乱状态,有利于政企分开。2008年《企业国有资产法》颁布实施,进一步明确了国有资产监管机构是代表政府履行出资人的职责,即股东职责。该法第6条规定,国务院和地方人民政府应当按照政企分开、社会公共管理职能与国有资产出资人职能分开、不干预企业依法自主经营的原则,依法履行出资人职责。《企业国有资产法》对国有资产监管机构的具体职责作了规定,第12条规定:"履行出资人职责的机构代表本级人民政府对国家出资企业依法享有资产收益、参与重大决策和选择管理者等出资人权利……"第14条规定:"履行出资人职责的机构应当依照法律、行政法规以及企业章程履行出资人职责;履行出资人职责的机构应当维护企业作为市场主体依法享有的权利,除依法履行出资人职责外,不得干预企业经营活动。"从立法规定来看,国资委的职能定位应当是"干净的"出资人。

从表面上看,以上立法规定似解决了出资人的定位问题,但在实践中,国资委仍然超出了出资人职能,如监管国有企业、负责企业国有资产基础

---

① 参见张素华:《论国资委法律地位的再定位》,载《求索》2009年第11期。
② 参见《企业国有资产监督管理暂行条例》第7、10条。

管理、推动国有经济布局和战略性调整等。这就意味着,国资委一方面是出资人,另一方面又是监管者或者管理者,即既做"运动员"又做"裁判员"。各级国资委始终处在"出资人"与"监管者"双重身份的互推与挤压的尴尬境地中,角色一直难以定位。国资委作为政府行政机构,具有机制固化的内在缺陷,难以充当必须应对复杂多变市场形势的股权经营者。正如国务院国资委副主任邵宁所指出的,"各级国资委大多不能适应履行出资人机构职能的要求"。国资委的成立只是从形式上解决了国有资产出资人缺位的问题,由于没有相对应的完备的国有资产或国有企业法律框架,所以无法从法律上更好地明确国资委的责任、权利和法律地位。

学界对于国有资产监管机构如何定位的问题,也主要存在"监管说"和"出资人说"。"出资人说"的观点主要以《企业国有资产法》对国有资产监管机构的出资人定位为基础的。李曙光(2009)认为,"《企业国有资产法》实际上是围绕出资人制度而进行全面设计、制度创新的一部法律。"《企业国有资产法》给国资委在法律上的新定位应是一个"法定的特设出资人法人",或是"特殊企业法人",明确界定了国资委作为"干净"出资人的法律地位,规定国有资产监督管理机构根据本级人民政府的授权、代表本级人民政府对国家出资企业履行出资人职责。因此,国资委"要把自己的监管者角色卸下来,站在一个股东的角度去考虑问题。"[①]"监管说"则认为,"国资监管机构应当是专门的监督机构。承认国资监管机构履行监管者职责,是改革成本最低的一种选择。"[②]类似的观点认为:"对于国资委而言,不再履行国有财产出资人职能,而是作为纯粹的国有财产监管机构监管企业国有财产;国资委应作为独立的政府特设直属机构,履行经济性监管功能,从而真正符合'监管'本身的内涵,如同证监会、保监会和银监会等。"[③]由于国有企业的双重委托代理问题,将国资委定位为出资人不能够解决国有资产监管者缺位的问题,也无法理清国有资产总出资人与具体出资人的职能不分

---

① 李曙光:《论〈企业国有资产法〉中的"五人"定位》,载《政治与法律》2009 年第 4 期。
② 顾功耘:《国资监管机构的法律定位》,载《上海国资》2008 年第 6 期。
③ 李昌庚:《国有财产法律基本制度研究》,法律出版社 2015 年版,第 82 页。

问题。相比较而言,"监管说"明确了国资委只履行监管职责,不干预企业经营,从而有利于实现政企分开,实现对国有企业的合法性审查与监管。

如果将国资监管机构定位为纯粹的"监管者",那么应当由谁来担任国有资产的出资人,如何界定国资监管机构与出资人之间的关系,如何设定国有资产出资人制度模式呢?代表性的观点认为,"应当重新界定国有资产监管机构的法律定位,使国有资产监管机构真正成为国有资产法统一执法的政府监管机构;建立若干国有资产经营公司或者投资公司具体履行出资人职责,行使股东权利,将国有资产监管机构与经营公司的关系明确为监管与被监管的关系。"①具体到实践中,应当采取一种三级运营模式,即国有资产管理机构(一般来说指各级国资委)成为国资统一监管者,组建多个国资运营平台公司作为直接出资人,专门负责对所控股和参股的国家出资企业实行规范的股权管理,由国家出资企业具体负责企业的经营管理。也就是将国资运营平台公司打造成为类似于新加坡"淡马锡控股公司",保障国资股权有效、专业管理和持续增值,成为国有经济的多元微观载体和行为主体。② 在经营期内,国有资产管理机构代表国家掌握授权资产的终极所有权,决定国有资产出资人的重大经营战略和重要人事安排,国有资产出资人掌握授权资产的产权。国有投资控股公司在按协议承诺确保国有资产保值增值和依法经营的前提下,享有自主决策、自主经营、自负盈亏、自我发展的独立权,并对控股、参股企业行使出资人的人事管理、重大决策管理、收益管理三项事权,同时进行战略管理、预算管理、运营监控管理三项辅助管理,确保国有资产出资人代表的角色落实到位。企业对于国有出资人投入的国有资产则具有完整的企业法人财产权。

2005 年经合组织发布的《OECD 指引》就指出,"应该明确区分国家的所有权职能和其他那些可能影响到国有企业经营环境的国家职能,尤其是

---

① 顾功耘等:《国有资产法论》,北京大学出版社 2010 年版,第 7 页;顾功耘:《国资监管难题剖解》,载《上海市经济管理干部学院学报》2010 年第 2 期。

② 参见施春来:《地方国资委直接持股与分类战略监管的对策研究——基于上海的思考》,载《福建论坛·人文社会科学版》2013 年第 11 期。

关于市场规则。"①由此而言,《OECD 指引》强调应当将国有资产所有与公共规制职能分开。使国有资产管理与公共行政保持适当的距离,这其实就是政资分开的理念。国有企业的全民所有制属性决定了其固有的所有权主体缺位问题,明确出资人地位、建立出资人制度是明确监督主体、完善监督制度的首要内容。在全面深化改革的新形势下,应当分类加强国有企业出资人(股东)的委托监督。通常由国有企业的出资人(股东)依法向出资设立的企业派出监事会对公司财务和经营状况进行监督,以形成对国有企业决策议案的审核,并对董事、监事、高级管理人员行使质询权,纠正董事、监事及高级管理人员的违法与不当行为。

(二)决策监督层的监督

根据公司治理的委托代理理论,作为决策监督层的董事会被看成解决公司中的委托代理问题的有效制度安排之一。Berle&Means 认为,所有权与经营权相分离后,由于信息不对称和利益的不一致性,作为出资人的委托人不得不面对和试图解决代理人的道德风险问题。在企业所有者面临经营者的代理风险问题时,董事会制度成为尝试解决这一问题的主要途径和方法。董事会不再需要亲自管理公司,而是可以通过组建下级委员会或以向管理层授权的方式将其战略管理职能转让出去,但不得将监督职责授权出去。②

英美法系国家在公司治理结构上采取一元制,因此董事会行使监督职能。《OECD 指引》第六部分的标题就是国有企业董事会的责任。该部分明确要求:国有企业董事会应该具有必要的权威、能力和客观性,以履行他们在战略指导和监督管理上的职能。根据政府和所有权实体制定的目标,国有企业董事会应该履行其监督管理层和战略指导的职能。他们应该有

---

① 经济合作与发展组织:《OECD 国有企业公司治理指引》,李兆熙译,中央财政经济出版社 2005 年版,第 11 页。
② 参见邓峰:《董事会制度的起源、演进与中国的学习》,载《中国社会科学》2011 年第 1 期。

权任命和撤换首席执行官。① 而在大陆法系国家，董事会虽然是公司的业务执行机关，但是由于对业务执行之妥当性及合目的性的监督和判断本身就是业务执行的内容之一，因此大多数国家也都在其公司法中明确规定了董事会具有经营监督职权。② 例如，日本《公司法》规定："董事会是享有有关业务执行的意思决定权，董事以及执行官职务履行监督权的机关。"③

无论是研究企业委托代理问题的国外学者，还是采取董事会中心主义治理模式的国家，都将董事会的职能归结为两个，一是决策与咨询建议职能，二是董事会监督和惩戒职能。正如学者所说，"在新的社会条件和理论背景下，董事会的战略管理职能已经被放弃，CEO 或总裁随着公司规模扩大越来越趋向于集权，他们拥有直接的顾问和智囊团，而董事会的角色则趋向于监督。"④因此，董事会的监督职能逐渐替代了传统的管理职能，董事会制度也主要围绕着强化和落实董事会的监督职能而进行。

董事会的监督职能包括两个层面，即自身的内部监督与对经理层的监督。在董事会的内部监督方面，由董事会成员内部对公司的经营业务进行监督；在董事会对经理层的监督层面，经理层作为一方利益主体，其高级管理人员由董事会任命并监督。⑤ 为了有效发挥董事会的监督职能，董事会主要通过具有独立性的外部董事和内部审计制度两种途径强化监督。外部董事制度是解决企业内部人控制的有效制度设计，是促进企业提高科学决策水平的重要途径。特别是外部董事可以在一定程度上弥补董事会在独立性、专业性和公正透明性方面的欠缺，有效提高董事会的监督效率，减少内部人控制引起的国有资产损失。Jensen(1993)认为，一个有效的董事会组织模式应该是，保持较小的董事会规模，除了 CEO 为唯一的内部董事

---

① 参见经济合作与发展组织：《OECD 国有企业公司治理指引》，李兆熙译，中央财政经济出版社 2005 年版，第 16 页。
② 参见蔡元庆：《论上市公司董事会的监督机制》，载《深圳大学学报》（人文社会科学版）2002 年第 6 期。
③ 日本《公司法》第 326 条第 2 款(1)—(2)项。
④ 邓峰：《董事会制度的起源、演进与中国的学习》，载《中国社会科学》2011 年第 1 期。
⑤ 参见赵万一主编：《公司治理的法律设计与制度创新》，法律出版社 2015 年版，第 152 页。

外,其余都为外部董事。① 内部审计制度是董事会监督行权机制下的一项重要的制度安排,内部审计委员会也是董事会三个委员会中的核心委员会,此外还有提名委员会和薪酬委员会。

现有理论基础为国有企业董事会规范化建设提供了重要的理论依据。我国《公司法》第46、108条明确规定了董事会的职权,从立法规定可以看出,尽管我国《公司法》没有明确授予董事会以监督权,但是在理论上,董事会当然有对具体执行业务的董事进行监督的权限。国有企业在引入董事会制度之后,实际上在出资人(国资委)、董事会和经理层之间产生两重委托代理关系:第一重是出资人(国资委)对公司决策机构(董事会)的委托代理关系,第二重是决策机构(董事会)对运营层(经理层)的委托代理关系。国资委、董事会、经理层形成一个委托代理链条,国资委作为委托代理链条中的第一重委托人,承担出资人的角色和完善企业治理结构的责任。董事会作为第一重代理人同时也是第二重委托人,承担中央企业重大决策、战略监控并管理经理层的责任,是联结出资人和经营管理者的重要纽带,在公司法人治理结构中处于核心地位。② 我国国有企业的董事会多数情况下流于形式,是应对《公司法》的形式化产物,其应有的职能权限经常被作为国有股东代表的国资委越俎代庖,董事会缺乏对国有企业履行监督职能的实质性权利。有鉴于此,在深化国企分类改革的背景下,有必要区分国有企业的功能定位、分类加强董事会监督,才能保障国有企业的健康发展。国有公共企业立法应当强化董事会尤其是外部董事的监督职能,使其尽最大能力反映社会公众的利益诉求,并有效控制企业运营成本。

(三)监事会的专门监督

遵循公司委托代理理论,由于所有权与控制权的分离,公司所有者不能够直接参与公司的经营,也无法直接对经营者的行为进行监督,为了避

---

① See Michael C. Jensen, The Modern Industrial Revolution, Exit, and the Failure of Internal Control Systems, *The Journal of Finance*, July 1993, pp. 831—880.
② 参见张国旺:《中央企业董事会规范化建设的理论基础与发展展望》,载《理论学刊》2014年第4期。

免代表所有者的董事会因追求自身利益而损害公司、股东、债权人、职工的权益，必须通过一定的制度安排对董事会进行制约和监督。由此，公司所有者委托一些专业人员进行监督，这些人便被称为监事，由这些专业人员组成的机构为监事会。监事会是由股东大会产生并从属于股东大会的业务监督机关。

从比较法角度来看，英美法系公司法采用单层制的公司治理结构，即仅有股东大会和董事会，无监事会之设，通过一元制的董事会下设的三个委员会行使监督权；监事会这一公司内部监督机制成为大陆法系国家最主要的监督治理模式。有学者清晰地总结了形成这样差别的原因，"英美国家，由于受信托法律制度的深远影响，使公司的董事对于公司处于受信的位置，董事对公司负有忠诚及善良管理人的双重义务，董事越权轻则要赔偿公司损失，重则要受刑事处罚，加之具有十分发达的公共证券市场形成了强有力的外部监督，客观上不需要在股东会下设立与董事会平行的监事会。大陆法系沿袭成文法传统，在立法上讲求权力制约的平衡及法律规范的细致、机构的对称，在公司治理结构的基本框架结构的设计上分别设置了决策公司事务的董事会和实施监督的监事会。"[①]也有类似观点从资本市场的流通性角度阐释英美没有必要单设监事会，而欧陆和日本则有必要单设监事会专司监督权以弥补股东对经营者的监督和控制的不足。[②]

相比较英美法系的董事会监督和大陆法系的监事会模式的监督机制，董事会中的独立董事、董事会下设的审计委员会、提名委员会、薪酬委员会等都具有监督功能，但都属于经营者的自我监督；监事会的监督模式则属于监督职能承担者对董事会和管理层从外部进行的监督。正如有学者说的那样，"监事会是实现第三只眼对决策权与执行权的制衡，进而提升公司经营的合法性与合规性，促进公司可持续发展。"[③]有学者肯定了监事会在监督治理体系中的优势，"监事会属于独立的公司机构，在成熟的制度体系

---

① 甘培忠：《论完善我国上市公司治理结构中的监事制度》，载《中国法学》2001 第 5 期。
② 参见李建伟：《论我国上市公司监事会制度的完善——兼及独立董事与监事会的关系》，载《法学》2004 年第 2 期。
③ 刘俊海：《现代公司法》（第三版），法律出版社 2015 年版，第 617 页。

下皆由法律赋予其在特殊条件下代表公司、召集股东大会之权。"①

监事会制度首创于德国法,其主要特点是双层委员会制度,即在股东会下设置与董事会平行的监事会,由其对董事会进行监督,实现经营权与监督权相分离。尽管董事会与监事会平行,但监事会的权限范围要大于董事会,比如德国监事会有权选举、罢免董事。日本监事会的监督职权范围则与日本公司监督治理模式的变迁相联系。1950年的日本《商法》中曾经将监事的职权限于会计事务审查,之后由于公司财务造假丑闻频发,1974年日本《商法》又将监事的职权范围扩展至会计事务审查和监督经营者行为。② 事实证明,日本监事会在实践中难以发挥作用,这主要是因为大多数监事的资历、级别要低于大多数董事和管理层,致使监事会难以真正有效地发挥监督作用。也正因为此,日本《商法》在1993年创设了外部监事制度,以加强监事会的独立性。然而这一制度形式并未像设立初衷一样发挥作用。在此基础上,2002年日本《商法》改革引进了美国的独立董事监督模式,并首先被日本索尼股份公司采用,在董事会内部设置三个委员会:审计委员会(日本《商法》称作"监察委员会")、报酬委员会及提名委员会(日本《商法》称作"指名委员会"),每个委员会的大多数成员由独立董事组成,由股东大会选举董事。然而,由于日本经理人市场还不够健全,同时创设三个委员会的成本又过高,因此从实践来看,采用这一监督模式的公司并不多见。在日本不断探索公司有效监督治理机制的过程中,新的模式相继出现。2014年的日本《公司法》修正案最终确立了"监察等委员会"模式,这一特殊委员会有利于降低设立成本,同时强化了独立董事的独立性,优势明显。当然这一模式的实效性还有待实践的检验。

由此看出,我国的监事会制度基本上沿用了大陆法系的模式,在监事会的结构上,参照了德国式的由股东代表担任和职工参与的模式;在监事

---

① 朱慈蕴:《公司内部监督机制:不同模式在变革与交融中演进》,法律出版社2007年版,第313页。

② 参见浜田道代「日本における会社法改正の動向」,「会社統治及び資本市場の監督管理——中国・台湾・日本の企業法制の比較——」名古屋大学出版社2004年版,第3—13页。

会的职能上,则更接近日本的监事会模式,即主要担任监督者的角色。①但是,我国公司监事会的职权范围远远小于德国公司监事会;就监事会的监督职能而言,日本原则上采取独任制,但其股份公司采取集体制;我国公司法原则上则采取的是集体制。同时,日本与我国都存在监事会监督能力弱化的问题。

我国《公司法》把监事会定位为公司必须设立的内部监督机构,设立目的是"维护公司及股东的合法权益"。②依据我国《公司法》第 2 章第 2 节、第 4 章第 4 节,监事会是对公司的财务及经营进行监督的法定、常设监督机构。由此可见,我国公司监事会的职权范围主要包括两个方面,即财务监督和经营监督。上市公司监事会"对公司财务以及公司董事、经理和其他高级管理人员履行职责的合法合规性进行监督"。

(1) 财务监督是企业监督机制的根本职能之一。根据我国《公司法》的规定,公司的监事会监督主要是检查公司财务。③ 同时,《公司法》明确规定:监事会、不设监事会的公司的监事发现公司经营情况异常,可以进行调查;必要时,可以聘请会计师事务所等协助其工作,费用由公司承担。这就从立法上赋予监事会(监事)单独聘请外部监督机构协助调查工作的权利,并解决了相关费用的安排问题。④《国有企业监事会暂行条例》第 5 条规定了监事会的相关职责,具体包括:(一) 检查企业贯彻执行有关法律、行政法规和规章制度的情况;(二) 检查企业财务,查阅企业的财务会计资料及与企业经营管理活动有关的其他资料,验证企业财务会计报告的真实性、合法性;(四) 检查企业负责人的经营行为,并对其经营管理业绩进行评价,提出奖惩、任免建议。但是在实践中,"监事会的监督工作往往蜕变为对公司的中期报告、年终报告实施橡皮图章式的审核,公司财务部门编制的虚假财务报表、大股东通过控制董事会实施的关联交易行为在监事会并未遇到

---

① 李建伟:《论我国上市公司监事会制度的完善——兼及独立董事与监事会的关系》,载《法学》2004 年第 2 期。
② 参见《中华人民共和国公司法》第 53 条,《上市公司治理准则》第 59 条。
③ 参见《中华人民共和国公司法》第 53 条(一),第 118 条。
④ 参见《中华人民共和国公司法》第 54 条。

'防火墙'"①。

（2）企业内部经营决策行为的监督属于事前和事中监督，可以及时地纠正和制止董事及其他高级管理人员的错误行为和决策。《公司法》第53条(二)(三)均对监事会有关经营行为的监督职权作出规定。监事会对经营行为的监督主要包含两方面，既有合法性监督，也有合规性监督。一方面，对董事、高级管理人员执行公司职务的行为进行监督，对违反法律、行政法规、公司章程或者股东会决议的董事、高级管理人员提出罢免的建议；另一方面，当董事、高级管理人员的行为损害公司的利益时，要求董事、高级管理人员予以纠正。《上市公司治理准则》中也规定，监事会发现董事、经理和其他高级管理人员存在违反法律、法规或公司章程的行为，可以向董事会、股东大会反映，也可以直接向证券监管机构及其他有关部门报告。② 我国《公司法》中还特别规定了"股东代表诉讼"制度，赋权监事会可以代表公司以自己的名义对公司的董事、高级管理人员提起损害赔偿诉讼。③

除了财务监督和经营监督以外，有些国家还规定了人事监督。例如，德国股份公司监事会有权选举、罢免董事，但是我国公司立法中未作此规定，并未赋予监事会任免董事的权限。由于我国公司制度处于股东会中心主义的模式之下，而人事权是股东最具有实质意义的权力，因此，如果将选任、解任董事的权力也赋予监事会，无疑是对我国公司立法的一大挑战。④ 而根据2003年颁布的《国有企业监事会暂行条例》，国务院派出的监事会有奖惩、任免建议权。同时，我国《公司法》也赋予监事会在监督董事、高级管理人员履行职务的行为时，对违反法律、行政法规和公司章程的董事、高级管理人员拥有提出罢免的建议权。这可被看作强化监事会监督权限的立法举措之一，从而有利于提高监事会监督职能的发挥。

---

① 甘培忠：《论完善我国上市公司治理结构中的监事制度》，载《中国法学》2001第5期。
② 参见《上市公司治理准则》第63条。
③ 参见《中华人民共和国公司法》第151条。
④ 参见朱慈蕴：《公司内部监督机制：不同模式在变革与交融中演进》，法律出版社2007年版，第266页。

国有资产管理机构或者其授权的国有资本运营公司作为国有企业的出资人,委托监事会履行股东的监督职能。我国国有企业的制度安排中包含两类监事会:一类是国有控股和参股公司依照《公司法》所设立的企业内部监事会;另一类是依据《企业国有资产法》的有关规定,由国务院国有资产监督管理机构代表国务院向其所出资企业中的国有独资企业和国有独资公司所派出的监事会。前者通常被称为内设监事会,后者被称为外派监事会。虽然这两种监事会都是代表国家所有者进行监督,但是内设监事会主要是由内部股东大会通过企业民主程序选举产生,而外派监事会代表的是国家这个单一股东的利益,更多地带有政府行政监督的色彩,主要依靠政府的权威和行政手段来发挥作用。①

我国国有企业的监事会在多数情况下形同虚设、流于形式,在实践中未能积极发挥作用。有鉴于此,在深化国企分类改革的背景下,有必要按照不同国有企业的功能定位和性质,分别确立差异化的监事会制度;有必要针对国有公共企业进行专门立法,对监事会进行专章规定,从而强化监事会的监督职能,使其尽最大能力反映社会公众的利益诉求,并有效控制企业运营成本。

(四)其他利益相关者的监督

遵循经济自由的理念和要求,传统公司法理论以个人意思自治为基础,强调股东的作用,公司以自己的名义所享有的自治权也是股东自治的体现,从而将公司自治实质上等同于股东自治。② 这一理论的逻辑基础在于,股东作为公司的出资人和公司所有者权益的承担者,享有对公司剩余财产的最终索取权,故其对公司的经营实效和财富累积有着最大的动机。公司股东相对于其他公司利益者而言,也是最有动力行使自治权的。所以,传统公司法理论强调股东本位主义,认为公司的目标即实现股东利益

---

① 参见余菁、王欣、常蕊等:《转型中的中国国有企业制度》,经济管理出版社 2014 年版,第117页。

② 参见王红一:《论公司自治的实质》,载《中山大学学报(社会科学版)》2002 年第 5 期。

的最大化。

随着现代市场经济的集中化,社会经济秩序发生了变化,传统理论上的公司自治与股东自治发生了偏离。纯粹维护股东利益和过分强调股东自治会导致股东滥用自治权的可能性,其结果将是危害利益相关者的利益。为此,现代公司法理论要求通过公司法的正当性价值对公司自治这一效率价值作相应的调试。而为了真正实现正当性的目标,需要公司法在寻求对股东利益进行维护的同时,亦考虑对社会责任的承担和对公司利益相关者的兼顾。公司法的价值就在于通过制定一系列的法律规范,协调和平衡公司、股东与其他利益相关者之间的利益关系,在公司及其各利益主体自由追逐利益的同时保证社会整体利益的提高。

1. 职工参与监督企业治理的法律价值

企业的利益关系者包括企业职工、债权人、供应商、顾客以及社区等,其中企业职工应当是最主要的利益相关者,理应成为企业治理理论的重要组成部分。正如有学者认为,"企业治理由传统的资本雇佣劳动或股东至上逻辑演进到物质资本与人力资本共同参与企业治理的共同治理模式,实际上表明企业不仅要重视股东的权益,而且要重视包括职工在内的其他利益相关者对经营者的监控;不仅强调经营者的权威,而且要关注包括职工在内的其他利益相关者的实际参与。"[1]与此同时,职工向公司投入人力资本等专用性资产,也分担了公司的剩余风险,而人力资本所有者往往比非人力资本所有者所承担的风险更大,因为前者可能来自公司内部雇主的道德风险。职工的投入具有不可逆转性,因此,职工对公司命运的关心度是其他人难以企及的。[2]

公司法确认监事会要有职工代表,顺应了人力资本与物质资本共同参与企业治理的历史趋势。这意味着职工可以充分地获取信息并在公司的最高决策层发挥作用。伴随着我国国企分类改革的进一步深化,国有公共

---

[1] 杨瑞龙:《论职工参与企业治理的经济学逻辑》,载《经济学动态》2005年第5期。
[2] 参见徐晓松等:《国有企业治理法律问题研究》,中国政法大学出版社2006年版,第131页。

企业的公共属性决定其始终以社会福利和公众利益最大化为经营目标,因此在国有公共企业中职工参与监督的重要性尤为突出。

2. 职工参与监督企业治理的主要形式

企业职工能够通过多种方式参与监督企业治理,主要包括通过工会行使集体谈判权利、员工持股计划和选任职工董事和职工监事等方式。有观点认为,"劳动者通过一定方式、在一定程度上介入公司决策过程,从而影响决策结果、监督决策实施的民主参与制度,其内涵包括劳动者的决策参与、监督参与、管理参与等。"①劳动者可能成为公司的管理者,也可能通过持股计划成为公司的所有者,可以说劳动者的潜能和地位正是目前公司治理中加入劳动者参与公司治理制度的理论背景。②尽管有学者认为集体谈判制度与职工持股制度是相对较为有效的职工参与方式,但企业职工通过被选任为职工董事和职工监事进入企业董事会和监事会仍具有一定的法律价值。一方面,职工监事的设置体现民主管理的思想,是为了维护基层职工利益,反映职工诉求。另一方面,职工监事进入国有企业监事会,职工监事处在公司内部,相比外部监事具有获取信息的天然优势,相对较容易监督董事与其他高管的行为,从而有利于通过监事会及时地采取事前预防措施或者事后惩罚措施,可以更好地发挥职工监事的监督作用。正是这些因素决定了职工参与企业治理监督的必要性和合理性,职工监事制度是构成国有企业治理结构不可或缺的一部分。由此,职工应当有参与监督企业治理的权利。

大陆法系国家大多有着职工参加公司机关的公司治理的成熟经验,在立法中都规定了公司董事会或监事会中职工代表的席位,并规定了职工代表的选举、职权、地位和保障等事项。这其中以德国的制度最为突出。德国《1952年工厂组建法》《1976年共同决定法》规定:在董事会中设置职工代表,拥有超过500名雇员的公司必须将他们的董事会分成监事和执行两部分,在500—2000人的有限责任公司中,监事会成员须有1/3以上来源

---

① 李立新:《劳动者参与公司治理的法律探讨》,中国法制出版社2009年版,第22页。
② 参见白江:《公司治理前言法律问题研究》,法律出版社2015年版,第208页。

于雇员代表;而在2000人以上的有限责任公司中,雇员有权选举一半以上的监事会成员。《欧盟第五号公司法指令》规定,平均雇工规模不低于成员国确定数目(不得超过1000人)的公司,应当由职工参与任命监督机关成员。监督机关成员中三分之一至二分之一的成员由职工选举产生,但股东大会指定的成员应享有最终决定权。① 日本的职工参与借鉴美国模式,多采用职工持股模式,即职工通过持有公司股份成为股东,并参加股东大会来行使其民主管理权利。日本不存在企业职工进入监事会参与监督治理的制度,其中的主要原因在于,"日本的终身雇佣和内部拔擢传统决定了,经理实际上较大程度代表了员工等内部人的利益诉求,因此压缩了职工监事存在的必要,相应地,监事的角色主要是由具有专业能力的外部人,从财务监督的角度通过个体行为来呈现的"。②

职工参与公司治理有既参加董事会也参加监事会的完全参加型的职工参与,也有仅参加监事会或只参加董事会的不完全参与。和境外的经验比较,我国属于有限度的职工完全参与。③ 国有企业职工董事监事制度是伴随着国有企业实行现代企业制度的改革实践而不断推进和逐步完善的。依照《公司法》第18条的规定,公司职工可以依法组织工会,开展工会活动,维护职工合法权益。公司应当为本公司工会提供必要的活动条件。公司工会代表职工就职工的劳动报酬、工作时间、福利、保险和劳动安全卫生等事项依法与公司签订集体合同。公司依照宪法和有关法律的规定,通过职工代表大会或者其他形式,实行民主管理。公司研究决定改制以及讨论经营方面的重大问题、制定重要的规章制度时,应当听取公司工会的意见,并通过职工代表大会或者其他形式听取职工的意见和建议。所以,职工可以依照《公司法》通过职工代表大会反映意见和建议,行使民主管理权、监督企业经营管理者的行为,维护自身的合法权益。《公司法》还明确规定了

---

① 参见施晓红:《德国职工共同决策制度及其对我国的启示》,载《经济管理》2004年第9期。
② 郭雳:《中国式监事会:安于何处,去向何方?——国际比较视野下的再审思》,载《比较法研究》2016年第2期。
③ 参见朱慈蕴等:《公司内部监督机制:不同模式在变革与交融中演进》,法律出版社2007年版,第345—346页。

有限责任公司尤其是国有独资公司监事会成员中应当包括股东代表和适当比例的公司职工代表,同时明确规定了职工代表的比例。职工参加监事会是所有公司特别是国有公司都必须采取的制度,从而透过监事会的监督对董事、高级管理人员进行监督。

二、组织论:监督之内部构造

国有公共企业内部监督的核心内容,即如何监督的问题。完善国有企业的法人治理结构,是国有资产监管体制和国有企业改革的重要议题及核心环节。本章以内部监督机制为核心内容,重点讨论国有公共企业的监事会、外部董事、内部审计、委派财务总监以及作为利益相关者的职工民主监督等监督机制。通过对不同监督机制的相关制度规范进行梳理,剖析现有制度在监督有效性上的不足。

(一)外派监事会

本部分研究对象是国有资产监督管理机构代表国务院向我国国有公共企业(主要包括国有独资企业和国有独资公司)派出的外派监事会;对外派监事会的性质进行反思和定位,将其明确为出资人对企业实施的股权监督,属于企业的内部监督范畴;进而分析外派监事会的人员设置和构成,通过梳理相关制度规范和实例,揭示其存在的问题。

1. 国有企业外派监事会改革历程回顾

国有企业在从计划经济体制向社会主义市场经济体制转轨的过程中,企业的经营自主权不断扩大,然而的内部治理机制和外部监督机制却没有建立起来,"内部人控制"问题日趋严重。1997年党的十五大明确提出,加快推进国有企业改革,把国有企业改革同改组、改造、加强管理结合起来。加强科学管理,探索符合市场经济规律和我国国情的企业领导体制和组织管理制度,建立决策、执行和监督体系,形成有效的激励和制约机制。建立有效的国有资产管理、监督和运营机制,保证国有资产的保值增值,防止国有资产流失。按照社会主义市场经济的要求,转变政府职能,实现政企分开。在此背景下,国务院国有企业稽察特派员制度得以确立。

国务院从1998年起开始向国有重点大型企业派出稽察特派员,代表国有资产所有者对企业行使监督权。中共十五届二中全会和九届全国人大一次会议通过的《国务院机构改革方案》(以下简称《方案》)中正式提出建立稽察特派员制度。《方案》精简了政府机构,明确了政府承担的职能,确定了政府与企业的职责。1998年5月7日,国务院印发《国务院向国有重点大型企业派出稽察特派员的方案》。1998年7月3日,国务院颁布《国务院稽察特派员条例》(以下简称《条例》),这标志着具有划时代意义的稽察特派员制度正式建立。《条例》对稽察特派员的工作性质、职责、条件、监督的具体内容、办事处的组成、稽察工作的方式和程序、管理、稽察报告、奖惩条件等都作出了明确的规定和表述,为稽察特派员制度的建立和完善,为国务院稽察特派员深入实地开展稽察工作奠定了基础,创造了条件。

稽察特派员制度的主要特点在于:第一,稽察特派员制度主要以国有重点大型企业为监督对象;具体派入稽察特派员的企业由国务院确定。第二,稽察特派员由国务院派出,代表国家对国有企业行使监督权利,对国务院负责,向国务院报告。第三,稽察特派员制度的监督内容主要涵盖两方面,一是以财务监督为核心,通过财务稽察发现问题,防止国有资产的贬值和流失;二是以财务分析为基础,对经营者的经营业绩作出评价。第四,管理体制上,国务院在人事部内设置了稽察特派员总署。第五,组织体制上,设稽察特派员办事处,由一名稽察特派员和若干名助理组成,实行稽察特派员负责制。稽察特派员一般由部级、副部级的国家工作人员担任,每个稽察特派员和稽察特派员助理的任期为3年,可以连任,但对同一企业不得连任。稽察特派员代表国家行使监督权力,但不参与、不干预企业的经营管理活动,不承担、不代替国务院各部门的职能和责任;稽察特派员主要针对国有企业的财务状况进行监督。稽察特派员一般每年现场稽察两次,还可以实施不定期的专项稽察。①

---

① 参见孙树义:《国有企业监事会制度》,经济日报出版社2001年版,第72—73页。

通过稽察,及时发现一些国有企业中的违法违纪案件,有效遏制了国有企业管理混乱、国有资产流失的状况。① 稽察特派员制度在监督国有企业方面取得了一定的成效,与此同时也暴露出机构的稳定性不足、工作性质不明确、监督的短期性和滞后性等问题。因此,稽察特派员制度从本质上讲是一种"政府主导型的强制性制度变迁"。② 为了深化国企改革,建立健全现代企业制度,1999年9月,党的十五届四中全会提出了在继续试行稽察特派员制度的基础上,向健全和规范的监事会制度过渡。同年,全国人大常委会对《公司法》进行修改,增加了有关国有独资公司监事会的规定,为国有独资公司实施外派监事会制度提供了法律依据。2000年3月,国务院发布《国有企业监事会暂行条例》,就国有企业派出监事会作了明确规定,这标志着国务院国有企业外派监事会制度正式形成。2003年3月,十届全国人大一次会议批准了国务院机构改革方案,设立国务院国有资产监督管理委员会。2003年5月,国务院出台的《企业国有资产监督管理暂行条例》规定:"国务院国有资产监督管理机构代表国务院向其所出资企业中的国有独资企业、国有独资公司派出监事会。"2005年修订的《公司法》规定,国有独资公司监事会成员除了职工代表外,由国有资产监督管理机构委派,监事会主席由国有资产监督管理机构指定。2008年10月,十届全国人大五次会议通过的《企业国有资产法》第19条规定:国有独资公司、国有资本控股公司和国有资本参股公司依照《中华人民共和国公司法》的规定设立监事会。国有独资企业由履行出资人职责的机构按照国务院的规定委派监事组成监事会。国家出资企业的监事会依照法律、行政法规及企业章程的规定,对董事、高级管理人员执行职务的行为进行监督,对企业财务进行监督检查。

监事会制度是在两年多稽察特派员制度实践基础上的总结,是稽察特派员制度的发展和完善,很好地解决了稽察特派员制度所固有的事后性和短期性等局限。该制度基本上沿袭了稽察特派员制度的内容,同时又有一

---

① 参见邵宁主编:《国有企业改革实录》,经济科学出版社2014年版,第513页。
② 参见刘社建:《国有企业监督机制的演进与变迁》,载《上海经济研究》2003年第1期。

定的创新与发展,主要表现在以下几个方面:

第一,监事会机构的设置和管理变化。过去由人事部对稽察特派员及助理进行管理,现改为由中央企业工委设立的国有企业监事会工作办公室对监事会主席和专职监事进行管理。

第二,监事会责任制度的变化。稽察工作实行稽察特派员负责制,稽察特派员全面领导办事处工作。监事会监督检查工作实行监事会主席领导下的主席和监事共同负责制,重大问题实行表决制,主席和监事一人一票。新成立的监事会成员主要由三部分组成:监事会主席(原稽察特派员)、专职监事(原稽察特派员助理)和兼职监事(企业职工代表选举产生)。

第三,在管理体制上,在中央企业工委内部设立国有企业监事会工作办公室,对监事会进行日常管理。

第四,在工作体制上,成立国有企业监事会工作办公室办事处,由监事会主席统一领导。

2. 外派监事会的问题所在

在党的十五大深化国有企业改革要求的背景下,针对实践中国有企业存在的国有资产流失问题,有必要建立一套行之有效的监督机制,稽察特派员和外派监事制度就是在这样的背景下产生的。外派监事会的设立在国有企业监督、国有资产保值增值方面发挥了积极的作用,在一定程度上促进了国有企业持续健康的发展。实践证明,外派监事会是符合我国国情的国资监督制度。但是,长期以来我国在监事及监事会制度方面存在制度设计上的缺失,没有从完善公司治理结构的高度去确立和强化监事和监事会的权力,也就不可能对监事制度予以高度重视。在当前国企改革的大背景下,我国国企的外派监事会在实际运行过程中存在一些亟待解决的问题。

(1) 政府主导的行政化管理难以适应分权制衡的公司治理模式。

外派监事会由国务院稽察特派员制度发展而来,国务院向国有重点大型企业派出监事会,最根本的目的就是和企业经营管理者一起,提高国有资产营运质量,共同维护国有资产及其权益,实现国有资产保值增值,使国有企业成为社会主义市场经济的主体,在国民经济中发挥主导作用。① 外派监事会代表的是国家这个单一股东的利益,它由国务院委派至国有企业开展监督工作,更多地带有政府行政管理的色彩,主要依靠政府的权威和行政手段来发挥监督作用。正因为外派监事会是一种国家行政权力委派产生的监督机构,在国企公司制改造、现代企业制度不断完善的情况下,这种外源性的行政化监督和分权制衡原则下的公司规范治理产生了多重的冲突和矛盾。② 一方面,派出监事会行政化的管理模式和工作方法难以适应现代化的股份制公司的分权制衡的治理模式,特别是股权多元化程度较高的国有控股公司。近年来,伴随着国企股份制改革和并购重组的发展,企业集团化趋势愈发增强,出现大规模的母子公司。母公司通常成为国有资产控股公司,没有实体业务。《企业国有资产法》规定,外派监事会仅仅派往国有独资企业和国有独资公司,而对于其下属的控股子公司这一层次则实行的是内设监事会制度,因此,外派监事会仅仅停留在母公司层面,对于国有控股企业资产占集团母公司资产比重很大的企业,外派监事会制度的基础和操作都面临冲击。③ 实践中,外派监事会如何透过一级国企集团公司向下一级子公司实施有效监督,如何行使监督权成为较为棘手的问题。另一方面,外派监事会的成员是政府委派的公务员,对其工作业绩和工作表现的考核评价仍以行政管理体系下公务员的政治觉悟和行政责任为标准,缺乏科学合理性。外派监事会成员的考核评价应当与企业的经营目标和经营业绩相挂钩,而不能简单地等同于国家公务员的考核,否则难以形成合理的激励与约束机制。

(2) 外派监事难以保证有足够的精力和时间实施监督。

《国有企业监事会暂行条例》规定,监事会主席和专职监事、派出监事

---

① 参见孙树义:《国有企业监事会制度》,经济日报出版社2001年版,第74—75页。
② 参见罗新宇主编:《国有企业分类与分类监管》,上海交通大学出版社2014年版,第189页。
③ 参见国务院国资委监事会课题组:《现行外派监事会制度面临的难题》,载《经济研究参考》2011年第36期。

可以担任 1 至 3 家企业监事会的相应职务。① 但是在实践中,由于外派监事的人员数量较少,常常出现 1 人监督 3 家以上国企的情况。外派监事会通常设立一个 3—7 人组成的办事处,监督 3—5 家大型国企;每一位监事会主席要担任 3—4 家企业监事会的领导,为监事会主席配置的专职监事也要面对多家监督单位。② 这样就使得外派监事没有足够的时间和精力监督,降低了监督工作的质量。2006 年国务院国资委制定《关于加强和改进国有企业监事会工作的若干意见》,标志着外派监事会将由原来的事后监督调整为当期监督,监督时效性应进一步增强。但在实践中,外派监事人员的匮乏使得监事难以及时了解企业的内部情况,严重影响监督的时效性。

（3）信息不对称和独立性的欠缺导致外派监事难以对企业进行有效监督。

外派监事会和内设监事会相比,由于外派监事主要依赖于企业集团公司董事会向其提供信息,所以往往存在信息不对称的情况,加之缺乏对企业资产和业务的检查,故难以对企业进行有效的监督。同时,大多数外派监事一般长期从事行政管理工作,身份是国家公务员,不具备专业的经营管理知识和能力,欠缺经验,这就导致其对所获取的信息进行准确处理的能力不足,影响对问题的察觉与判断。为了获得真实有效的信息,外派监事相比内设监事会通常要付出高额的成本。尤其是外派监事会要透过一级国企集团公司向下一级子公司实施监督,进一步增加了获取信息的难度。此外,虽然外派监事会在人员、组织和经费等方面均独立于被监督企业,但国有资产管理部门目前既任命和委派董事,同时又任命和委派监事,由于大部分外派监事会成员的行政级别低于企业主要领导人员,这在一定程度上影响了监事会的独立性。③

---

① 《国有企业监事会暂行条例》第 16 条。
② 笔者分别于 2014 年 7 月和 2015 年 1 月参与"云南省国资委调研"和"新疆维吾尔自治区国资委调研"时的访谈笔录。
③ 参见余菁、王欣、常蕊等:《转型中的中国国有企业制度》,经济管理出版社 2014 年版,第 123—124 页。

(二) 内设监事会

本部分针对我国国有公共企业中依照《公司法》设立的国有有限责任公司和股份公司的内设监事会，对有关内设监事会人员设置和构成的现行重要法规与政策进行梳理，并结合实例审视其存在的主要问题。

1. 国有企业内设监事会的立法与实践

为了加强对国有企业的监督，健全国有企业监督机制，2000年国务院颁布实施了《国有企业监事会暂行条例》，规定"国有重点大型企业监事会由国务院派出，对国务院负责，代表国家对国有重点大型企业的国有资产保值增值状况实施监督"，"监督以财务监督为核心，根据有关法律、行政法规和财政部的有关规定，对企业的财务活动及企业负责人的经营管理行为进行监督，确保国有资产及其权益不受侵犯"。[1]

内设监事会主要存在于依照《公司法》设立的国有有限责任公司和股份公司。一定意义而言，历史已经证明，公司制模式是国有企业的最佳法律实现方式。[2] 目前，全国国有企业改制面超过80%，中央企业及其下属企业改制面由2002年的30.4%提高到89.18%。中央企业及其子企业引入非公有资本形成混合所有制企业已占总企业户数的52%。[3] 截至2001年底，所调查的4371家重点企业中已有3322家企业实行了公司制改造，其中3118家建立了明确的出资人制度，改制企业中出资人到位率达到93.9%；1987家企业建立了股东会，3196家企业成立了董事会，2786家成立了监事会，分别占改制企业总数的80.9%。[4]

监事会是对公司的财务和经营活动进行监督和监察的常设监督机构，

---

[1] 《国有企业监事会暂行条例》第2、3条。
[2] 参见刘俊海：《深化国有企业公司制改革的法学思考》，载《中共中央党校学报》2013年第6期。
[3] 参见兰军：《国企改革：在凤凰涅槃中浴火重生》，http://news.xinhuanet.com/politics/2014-03/09/c_119678828.htm，2015年5月12日访问。
[4] 参见汪海波：《中国国有企业改革的实践进程（1979—2003年）》，载《中国经济史研究》2005年第3期。

向股东会负责。在我国,国有企业监事会监督的法律依据主要是《公司法》以及《国有企业监事会暂行条例》,前者主要针对国有参股公司、国有控股公司,后者则主要针对国有独资企业、国有独资公司。依据我国《企业国有资产法》第 19 条规定,国有独资公司、国有资本控股公司和国有资本参股公司依照《公司法》的规定设立监事会。国有独资企业由履行出资人职责的机构按照国务院的规定委派监事组成监事会。国家出资企业的监事会依照法律、行政法规以及企业章程的规定,对董事、高级管理人员执行职务的行为进行监督,对企业财务进行监督检查。

对于国有参股、控股公司,由于我国《公司法》实行的是董事会与监事会并存的二元结构,根据我国《公司法》的规定,国有参股、控股公司的监事会监督主要包括:检查公司财务;对董事、高级管理人员执行公司职务的行为进行监督,对违反法律、行政法规、公司章程或者股东会决议的董事、高级管理人员提出罢免的建议;当董事、高级管理人员的行为损害公司的利益时,要求董事、高级管理人员予以纠正;提议召开临时股东会会议,在董事会不履行本法规定的召集和主持股东会会议职责时召集和主持股东会会议;向股东会会议提出提案;对给公司造成损失的应承担赔偿责任的董事、高级管理人员提起诉讼;列席董事会会议,并对董事会决议事项提出质询或者建议;发现公司经营情况异常,可以进行调查,必要时可聘请会计师事务所等协助其工作,费用由公司承担;公司章程规定的其他职权。

2. 国有企业内设监事会缺乏独立性和有效性

股东会和股东大会选举设立的国有公司制企业监事会,也称为内设监事会。内设监事会具有明确的法律地位,作为公司内部专门行使监督权的监督机构,是公司法人内部治理结构的一个重要组成部分。监事会监督权的合理安排及有效行使,是防止董事独断专行、保护国家作为股东的权益和国有资产保值增值的必要措施。然而,实践表明,监事会在公司治理中履行监督职能受到一些因素的制约。

(1) 监事会规模整体偏小

据 2010 年 109 家中央企业上市公司年度财务报告披露,中央企业上市公司平均监事会成员 4.4128 人,最小的为 2 人,最大的为 9 人。① 由此可以看出,国有中央企业监事会的总体规模偏小。许多监事会只是徒有虚名,监事的遴选不规范;监事会主席人手一直没有增加过,专职监事也缺乏职业生涯发展规划,未来发展不明,严重影响专职监事工作的稳定性;监事会主席如果疏于监督导致国有企业产生严重问题也没有受到惩处。因此,当监事会的监管方式从事后监督变为事中监督,相对于提高监督时效性的需要,监事会普遍感到人手不足。

(2) 监事会独立性较差导致监督制约的弱化

《公司法》要求监事会应当独立于公司的董事会、经营管理机构与公司员工,这就要求监事不能来源于公司董事会成员、高级管理人员的派出单位,更不能由董事经理层来提名。但是,在实践中,国有股东既选任董事,同时又选任监事,且大部分监事会成员的行政级别低于企业主要领导人员,这在一定程度上影响了监事会的独立性。实践中,一些国有公共企业的监事长的行政级别往往低于董事长,监事长作为集团纪检组长和党组成员级别低于集团党组书记,其他专职监事更低一级。该股份公司依据《公司法》制定的《治理规则》规定,监事会对董事会和总裁的决策、报告没有否决权,没有人事任免权和奖惩权。笔者通过对云南省国资委的调研了解到,实践中,很多国有公司中,按行政级别由上到下,董事长是厅级、监事会主席是处级,董事长的行政级别往往高于监事会主席,造成监事会没有实际监督权力,无法监督董事,监事会工作的形式化和空壳化。②

在调研过程中,笔者了解到很多国企的董事、监事、高级管理人员作为产权代表经法定程序进入董事会和监事会,应当进行换届选举,但实践中也没有实施,产权代表一直连任。③ 实践中很多国有公司董事长、党委和总经理都是一人任命、一套人马,自己监督自己,显然不存在监督效果。有的公司还实行监事会与纪委或是审计部门合署办公,把纪律检查或审计的职

---

① 参见卢福财:《中央企业公司治理报告(2011)》,中国经济出版社 2011 年版,第 58 页。
② 笔者于 2014 年 7 月参与"云南省国资委调研"的访谈笔录。
③ 笔者于 2014 年 7 月参与"云南省国资委调研"和"新疆维吾尔自治区国资委"的访谈笔录。

能和业绩与监事会的职能和业绩相混同,从而弱化和虚化了监事会股权监督的职能。一些国有公司监事会的专职监事由集团公司纪检组、监察局和股份公司监察部、审计部负责人组成,客观上把监事会混同于企业内部职能部门。监事会相当于纪检委、监察部和审计部,监事会主席相当于纪委书记,专职监事等于监察局长。

(3) 监事一人身兼数职导致监督力度的虚化

目前许多国有公司中仍存在监事会监事一人身兼数职的情况。据2010年中央企业上市公司监事会治理数据统计,监事成员在外兼职的平均人数为2.7339,占整个监事会规模的61.95%,兼职最多的公司监事会兼职人员为9人,即所有监事会成员均存在多家公司兼职的现象。① 监事往往因身兼数职而将担任的企业监事当作"闲职",没有认识到监事的重要地位,对企业监督没有投入足够的精力,很难发挥其应有的作用。② 尤其是监事会主席兼任公司党政职务的现象非常普遍。例如,监事会主席常常兼任党总支书记、工会书记和纪委书记等职务。还有些公司的监事会成员在担任监事职务以前担任党委书记、工会书记和纪委书记等职务。监事会成员兼职会分散其精力,使其无法拥有实施必要的监督职责所需要的时间,将降低监事会的独立性。

(4) 激励与责任机制的缺乏导致监事会履职不到位

监事会成员在实际监督工作中存在很多问题。例如,监事会会议缺乏明确的程序,开到哪里算哪里。在一些公司监事会会议上,会议记录缺少监事发言要点,出席会议的监事签名不规范,甚至不签名。大多数公司监事会只对会议进行记录,而对实际监督工作没作记录。监事履职活动仅限于监事会会议期间,监事会闭会期间基本上不进行日常的监督检查履职活动,难以实行当期监督和过程监督。③ 监事会应定期举行监事会会议,并且监事会成员应保证出席监事会会议的次数;当监事会议因故不能如期召开

---

① 参见卢福财:《中央企业公司治理报告(2011)》,中国经济出版社2011年版,第58页。
② 参见赵万一主编:《公司治理的法律设计与制度创新》,法律出版社2015年版,第57页。
③ 参见罗新宇主编:《国有企业分类与分类监管》,上海交通大学出版社2014年版,第193页。

时应向证监会书面说明并进行公告。2011年央企公司治理报告显示,监事会年平均召开次数为5次,最少的为2次,最多的则为12次。① 笔者从云南省国资委和昆明市国资委的调研中了解到,为了节约时间,董事会、监事会、党委会常常一起开会,显然无法形成相互制衡的有效治理机制。②

(三) 外部董事

本部分主要研究国有公共企业中的外部董事制度,明确外部董事是国有公共企业董事会监督行权机制下的重要方式之一,通过考察相关制度规范和实例,审视限制外部董事作用发挥的问题所在。

1. 关于我国外部董事监督机制的立法梳理

早在1999年3月,国家经贸委和中国证监会就联合发布了《关于进一步促进境外上市公司规范运作和深化改革的意见》,其中第6条指出,"逐步建立健全外部董事和独立董事制度",规定应增加外部董事的比重,公司董事会换届时,外部董事应占董事会人数的1/2以上,并应有2名以上的独立董事。但该文件规范的仅是境外的上市公司,对于境内的国有企业并不适用。2000年11月,上海市证券交易所发布的《上市公司治理指引》中规定:公司应至少拥有两名独立董事,且独立董事至少应占董事总人数的20%。当公司董事长和总经理由一人担任时,独立董事占董事总人数的比重应达到30%。独立董事应提出客观、公正的意见,特别是当公司决策面临内部人控制和控股股东之间存在利益冲突时,独立董事可征求外部独立顾问的咨询意见,公司应为此提供条件。独立董事应保证投入足够的时间履行其职责,并获得与其承担的义务和责任相应的报酬。③

2001年8月,中国证监会发布《关于在上市公司建立独立董事制度的指导意见》,对上市公司独立董事的构成比例、资格、任期、权责和薪酬等作了指导性规定,并要求各境内上市公司应当按照该指导意见的要求修改公

---

① 参见卢福财:《中央企业公司治理报告(2011)》,中国经济出版社2011年版,第58页。
② 笔者于2014年7月参与"云南省国资委调研"的访谈笔录。
③ 参见《上市公司治理指引》第14条。

司章程,聘任适当人员担任独立董事,董事会成员中应当至少包括1/3的独立董事。2002年1月,中国证监会和国家经贸委联合发布《上市公司治理准则》,对独立董事的任职条件、选举更换程序以及职责、权利和义务等作出明确规定。2004年,国资委颁布《关于中央企业建立和完善国有独资公司董事会试点工作的通知》,明确提出,"建立外部董事制度,使董事会能够做出独立于经理层的判断","将国资委对国有独资公司履行出资人职责的重点放在对董事会和监事会的管理"。

外部董事的独立性可以帮助国有企业提升经营信息透明度,减少内部人控制引起的国有资产损失。我国国有企业引入外部董事制度的初衷也在于此。伴随着国有企业董事会制度试点改革的推进,我国逐渐将外部董事制度作为国有企业董事会试点工作的一项核心制度安排,在提高董事会的决策水平、完善公司治理和加强董事会内部制衡等方面发挥了重要的作用。外部董事的引入,使得原来没有董事会的企业开始建立规范的董事会,原来有董事会的企业,则开始改变以往董事会成员全部为企业内部管理人员的情况。

国外学者根据董事的来源和独立性与否,将董事分为外部董事和内部董事。外部董事是指内部以外的各类董事,是由非本企业的员工和管理人员所出任的公司的董事。在英美法系国家,外部董事又被称为非执行董事、非在职董事等。实践中通常将外部董事、独立董事、非执行董事看作同一类董事。也有学者将外部董事和独立董事作了明确的区分,认为外部董事的内涵要大于独立董事,只有独立的外部董事才可以成为独立董事。国内学者也持类似的观点,认为外部董事的概念应当上位于独立董事;我国国有独资公司的外部董事制度仅仅独立于经理层,并不独立于政府这一控股股东代表。[①] 还有的学者提出政府董事的概念,将其区分为政府执行董事(即政府委任到国家股所在公司董事会任职并具体执行公司营业事务的董事)和政府非执行董事,外部董事属于政府非执行董事,即接受政府委任

---

① 参见胡改蓉:《国有公司董事会法律制度研究》,北京大学出版社2010年版,第104—105页。

到国家股所在公司董事会任职董事之后不再在公司经理机构任职或具体执行公司营业事务的董事。① 日本立法与司法实践也将外部董事(社外取缔役)与独立董事(独立取缔役)相区分,外部董事相比独立董事的外延更大,独立董事对独立性的要求更高,且仅适用于上市公司的董事会委员会中。② 本书不对外部董事和独立董事加以明确区分,统称为外部董事。

2004年,国资委先后确定了宝钢集团、神华集团、中国高新投资集团、诚通集团、国药集团、国旅集团和中国铁通集团7家中央企业作为第一批试点企业。同年6月,国资委下发了《关于中央企业建立和完善国有独资公司董事会试点工作的通知》;同年12月,国资委又颁发了《国有独资公司董事会试点企业外部董事管理办法(试行)》,对国有独资公司董事会试点企业的外部董事任职条件、选聘、职责权利义务、评价与报酬等事项作出了明确的规定。此项制度的颁布表明国资委将外部董事制度视作国有独资公司进行董事会试点的一项关键性制度安排。2005年4月,国务院提出了关于深化经济体制改革的意见,明确要求要"以建立健全国有大公司董事会为重点,抓紧健全法人治理结构、外部董事和派出监事会制度",从而进一步落实国有企业董事会试点工作。同年6月,国资委决定将试点企业从原先的7家扩展到11家。2005年10月17日,国务院向宝钢集团有限公司的5位外部董事颁发聘书,宝钢集团董事会成为国有大型企业中第一家外部董事全部到位且超过半数的董事会。③ 2007年年初,外部董事到位、董事会正式开始运作的试点企业达到17户,其中14户试点企业外部董事超过了半数。2009年3月,国资委下发文件,明确新增7户试点企业,至此试点企业户数达到24户。新增的7户试点企业包括:国家开发投资公司、东风汽车公司、中国东方电气集团公司、中国中煤能源集团有限公司、中国机械工业集团有限公司、中国钢研科技集团有限公司、中国中材集团有限

---

① 参见肖海军:《政府董事:国有企业内部治理结构重建的切入点》,载《政法论坛》2017年第1期。

② 参见藤島裕三「社外取締役と独立取締役——その概念整理と近時における議論——」,『経営戦略研究』2009年春季号,第57—73页。

③ 余菁、王欣、常蕊等:《转型中的中国国有企业制度》,经济管理出版社2014年版,第87页。

公司。

2. 关于外部董事监督机制的问题分析

国资委就外部董事制度研究制定和发布了一系列重要文件，主要包括2004年的《关于国有独资公司董事会建设的指导意见（试行）》和《国有独资公司董事会试点企业外部董事管理办法（试行）》、2009年的《董事会试点中央企业专职外部董事管理办法（试行）》。这些文件确立了外部董事制度的运行规范。在国企实行外部董事制度试点以来，董事会的业务能力、知识、经验结构得以优化，董事会的综合决策能力得以提高。当前，在国企深化改革的背景下，推动完善规范的董事会特别是外部董事制度，是改进国企监督制度的重要举措。目前，各地国企均在建设规范董事会工作，试行或推行相关制度。然而实践中，外部董事仍然有以下几个主要问题亟须加以完善。

（1）外部董事选聘来源渠道单一，结构有待进一步优化。

现阶段，外部董事来源渠道单一，基本上是体制内的人选。国务院国资委于2004年颁布的《国有独资公司董事会试点企业外部董事管理办法（试行）》中规定，担任外部董事的基本条件是具有10年以上企业管理、市场营销、资本运营、科研开发或人力资源管理等专业的工作经验，或具有与履行外部董事职责要求相关的法律、经济、金融等某一方面的专长。《关于国有独资公司董事会建设的指导意见（试行）》对外部董事选任及程序作了原则性规定："国资委选聘外部董事，可以特别邀请国内外知名专家、学者、企业家；可以从国有大企业有关人员中挑选；可以面向社会公开选聘。逐步建立外部董事人才库制度，向全社会、国内外公开信息，自愿申请入库，经审核符合条件的予以入库，国资委从人才库中选聘外部董事。"[①]

从这些相关规定和实践情况来看，聘请外部董事的来源是相当广泛的，主要包括：① 国有企业刚退休下来的领导和在职领导。② 高等院校、科研院所和中介机构的知名专家学者等。③ 面向社会公开选聘。部分省

---

① 《关于国有独资公司董事会建设的指导意见（试行）》第13、14条。

市国资监管部门积极拓宽外部董事选聘范围,从机关选派业务骨干到企业任外部董事。对于①而言,这样一种制度安排,有利有弊。优点在于,退休的国有企业负责人通常有着比较丰富的经营管理经验,对国有企业的内部环境和经营运作比较了解,与出资人方面及董事会其他成员之间沟通较容易,同时也有充足的时间和精力来履行监督职责。但是缺点在于,退休的国有企业负责人,在适应国有企业面临的市场化机制的新要求和新挑战方面压力较大。对于②而言,专家学者具备专业知识,能够很好地发挥专业技能,但也存在一些问题,如对企业的内部情况了解不够深入,缺乏企业经营的实践经验,在董事会上难以发表有操作性的意见和建议,履职时间也难以保证等。对于③而言,由于外部董事的市场化机制还未形成,要遴选到真正能满足企业需求的外部董事颇有难度,一定程度上影响了建设规范有效的董事会工作的进程。

(2) 外部董事占董事会比例小,难以发挥监督作用。

我国公司治理人才严重不足以及董事人才培养缺乏整体规划,都制约了国有企业外部董事制度的发展和作用的发挥。尽管大多数国有企业中都设立了外部董事,且大多数的公司董事会中外部董事比例都达到一半以上,外部董事制度已经成为国有企业治理结构的重要监督机制,但是,实践中仍有一些国企的外部董事占董事会比例低于50%。表1-2的统计数据表明,中国煤炭科工集团有限公司董事会人数9人,其中,外部董事4人,占董事会比例为44%;中国冶金科工集团有限公司董事会人数8人,其中外部董事2人,占董事会比例为25%;中国国电集团公司董事会人数11人,其中外部董事4人,占董事会比例为37%;中国国药集团公司董事会人数11人,其中外部董事4人,占董事会比例为37%;上海城市建设投资开发总公司董事会人数11人,其中外部董事5人,占董事会比例为45%;等等。这些企业的外部董事比例基本上略大于《指导意见》中规定的"上市公司董事会成员中应当至少包括三分之一独立董事",但明显小于《董事会试点中央企业董事会规范运作暂行办法》中"外部董事人数超过董事会全体成员半数"的规定。根据《公司法》的规定,只有超过半数的董事同意,董事

表 2-1　部分国有公共企业中董事会的构成情况(截至 2017 年 6 月 30 日)

企业名称	董事会结构						
	董事人数	董事长	副董事长	外部董事	职工董事	董事长担任党委书记	外部董事担任董事长
1. 中国大唐集团公司	9	1	—	5	1	是	否
2. 神华集团有限责任公司	9	1	1	5	1	是	否
3. 中国电子信息产业集团有限公司	9	1	—	5	1	是	否
4. 宝钢集团有限公司	11	1	1	6	1	否	否
5. 中国节能环保集团公司	9	1	—	6	1	是	否
6. 中国交通建设集团有限公司	10	1	—	5	—	是	否
7. 中国铁建股份有限公司	8	1	—	4	—	是	否
8. 中国东方电气集团有限公司	3	1	—	—	—	是	否
9. 国药集团药业股份有限公司	11	1	—	4	1	否	是
10. 中国冶金科工集团有限公司	8	1	2	2	1	否	是
11. 中国中煤能源集团公司	8	1	1	4	—	否	是
12. 中国煤炭科工集团有限公司	9	1	1	4	—	否	是
13. 中国国电集团公司	11	1	—	4	1	是	否
14. 中国储备粮食管理总公司	—	1	—	4	—	是	否
15. 新兴际华集团股份有限公司	10	1	1	6	1	否	否
16. 中国农业发展集团有限公司	4	1	—	—	—	是	否
17. 上海城市建设投资开发总公司	11	1	—	5	—	是	否

资料来源:根据表中企业网站上公布的内容整理。

会的决议才能通过。因此,如若外部董事占董事会成员的 1/3 而未达半数,则外部董事将难以发挥监督作用。

(3)信息不对称和企业内部权力集中导致外部董事难以发挥监督作用。

一些国企的外部董事存在非同城、跨地担任的现象,从而在一定程度上降低了其对企业经营事务的熟悉程度、参与程度和监督程度,降低了外部董事行使监督权限的有效性。① 目前,大部分国资监管部门没有专门的机构为外部董事提供诸如信息报送等沟通服务,一般就是任职公司负责与外部董事沟通联系,主要是为了召开董事会而递送公司的相关运行情况。② 因此,有必要建立合理的沟通机制,保证外部董事能够及时、全面、准确地了解国资监管和企业运行的相关信息。

此外,从表 2-1 的案例中可以看到,大唐、神华、中国电子等多数国有企业都采用的是董事长兼任党委书记和法定代表人的治理模式。在这种模式下,董事长作为国企内部选任的权责代表人,同时又是党在国企内部组织的最高负责人,也是国企承担法律义务与责任的代表人,即将企业的代表意志与党的执政意志集中于一人,这很容易造成董事长权力过于集中,不利于企业治理机构之间形成有效的权力制衡,外部董事也很难发挥应有的监督作用。还有一些国企如新兴际华、宝钢等企业的董事长担任企业的法定代表人,党委书记和总经理另设他人。另有少数国企董事会则实行外部董事担任董事长的模式,如国药集团、中煤科工、中煤能源和中冶科工这4 家国企。它们的设置是,外部董事只担任董事长,既不兼任党委书记,也不兼任法定代表人;总经理是法定代表人。外部董事担任董事长有利于其更充分地了解企业内部的经营治理情况,与公司内部的经营管理层及其他内部相关利益者进行沟通,从而获取客观、充分且有效的信息,进而有助于外部董事进行准确而合理的判断,更好地发挥监督作用。

(四) 内部审计

本部分主要考察我国国有企业的内部审计制度。通过剖析内部审计制度的性质,揭示内部审计是国家审计在企业内部的展开和延伸,以弥补国家审计的不足。在此基础上,结合相关立法规范和实践,总结内部审计

---

① 参见卢福财:《中央企业公司治理报告(2011)》,中国经济出版社 2011 年版,第 54 页。
② 参见罗新宇主编:《国有企业分类与分类监管》,上海交通大学出版社 2014 年版,第 173—174 页。

制度存在的主要问题。

1. 内部审计的内涵界定和职能定位

我国国有企业的审计体系包括国家审计、社会审计和内部审计三种主要形式。国家审计是指国家审计机关代表国家对各级政府、经济管理部门、金融机构、国有和国家控股企业所实施的审计。我国国有企业的国家审计主要包括财务收支审计和经济责任审计两部分。社会审计是指由注册会计师和会计师事务所接受委托对企业所实施的审计,主要是企业年度财务报表审计。内部审计是指由部门、企业事业单位内部专设的审计机构和审计人员,依据国家有关法规和本部门、本单位的规章制度,按照一定的程序和方法,相对独立地对本部门、本单位财务收支的真实、合法和效益进行监督的行为。①

内部审计是我国审计监督制度的重要组成部分,它是"在组织内部的一种独立客观的监督和评价活动","通过审查和评价经营活动及内部控制的真实性、合法性和有效性来促进组织目标的实现"。② 我国《审计法》第29条规定:"依法属于审计机关审计监督对象的单位,应当按照国家有关规定建立健全内部审计制度;其内部审计工作应当接受审计机关的业务指导和监督。"从该规定来看,我国立法实际上将内部审计视为国家审计的一部分。国有企业应当按照国家有关规定,建立相对独立的内部审计机构,配备相应的专职工作人员,建立健全内部审计工作规章制度,有效开展内部审计工作,强化企业内部监督和风险控制。国有控股公司和国有独资公司,应当依据完善公司治理结构和完备内部控制机制的要求,在董事会下设立独立的审计委员会。企业审计委员会成员应当由熟悉企业财务、会计和审计等方面专业知识并具备相应业务能力的董事组成,其中主任委员应当由外部董事担任。

---

① 参见秦荣生:《国家审计职责的界定:责任关系的分析》,载《审计与经济研究》2011年第2期。

② 《中国内部审计基本准则》第2条,中国内部审计协会于2013年8月20日发布,2014年1月1日起实施。

我国国有企业内部审计的发展与国家审计的发展是紧密相连的。我国国有企业的内部审计制度在设立之初并不是出于企业自身的需要,而是为了弥补国家审计的不足,是国家审计在国有企业内部的延伸,承担了大量的国家审计职能,具有强烈的政府色彩。[①] 与一般的内部审计制度不同,国企的内部审计主要呈现出以下发展特点:从领导体制来看,内部审计经历了从政府主导向企业主导的转变。建立初期,内部审计作为国家审计监督的基础,主要是为了弥补国家审计力量的不足,具有较为明显的政府主导的特点。随着企业改革的不断推进,企业成为独立的市场主体,内部审计日益成为企业管理的内在需要。从管理体制来看,逐步从上级主管部门审计机构的领导和同级审计机关的业务指导模式发展到目前以行业自律为主的管理模式。从普及范围来看,先在国有大中型企业集团中建立了独立的内部审计机构,后发展到其他国有企业。

就国有企业内部审计与国家审计、社会审计的关系而言,国家审计、社会审计和内部审计相互协作、共同履行审计方面的监督职责。国家审计主要由国家审计机关对国有企业进行审计,故属于国家财政监督范畴,是国家机关对国企的外部监督机制的重要组成部分。社会审计也是受委托、协助国企对其从外部进行的监督。内部审计是内部监督机制的重要组成部分,同时也是内部控制的重要组成部分。内部监控机制是股东、董事会、监事会对公司经营者进行监控的机制。内部监控机制是公司治理的主体,一方面利用公司管理当局披露的会计信息对公司管理者进行约束和激励;另一方面它有义务保证公司的会计系统和审计系统向股东会、董事会、监事会及外界提供系统、及时、准确的会计信息。[②] 因此本书重点关注国企董事会(或国企主要负责人)领导国企内部审计部门实施的监督,即内部审计。

2. 内部审计相关立法梳理

我国证监会 2016 年修订并公布的《上市公司章程指引》中就公司的内

[①] 参见余菁、王欣、常蕊:《转型中的中国国有企业制度》,经济管理出版社 2014 年版,第163页。
[②] 参见秦荣生:《国家审计职责的界定:责任关系的分析》,载《审计与经济研究》2011 年第2期。

部审计进行了规定,即"公司实行内部审计制度,配备专职审计人员,对公司财务收支和经济活动进行内部审计监督。公司内部审计制度和审计人员的职责,应当经董事会批准后实施。审计负责人向董事会负责并报告工作"。① 2002年我国证监会和国家经贸委联合发布了《上市公司治理准则》,其中规定了公司"可以设立审计委员会,并且审计委员会中至少应有一名独立董事是会计专业人士,审计委员会的主要职责是:提议聘请或更换外部审计机构、监督公司的内部审计制度及其实施、负责内部审计与外部审计之间的沟通、审核公司的财务信息及其披露、审查公司的内控制度"。② 2003年审计署在《关于内部审计工作的规定》中,全面规范了内部审计的职责和功能,指出内部审计要促进加强经济管理和实现经济目标。2004年国资委颁布并实施了《中央企业内部审计管理暂行办法》,要求国有控股公司和国有独资公司逐步建立相对独立的内部审计机构,并配备相应的专职工作人员,在董事会下设立审计委员会。2005年国资委又专门发出《关于加强中央企业内部审计工作的通知》,强调内部审计工作要强化企业内部监督与风险控制,提高经营管理水平,保障国有资本保值增值和企业可持续发展。2015年《中共中央国务院关于深化国有企业改革的指导意见》中要求,"健全国有资本审计监督体系和制度,实行企业国有资产审计监督全覆盖,建立对企业国有资本的经常性审计制度"。《国务院办公厅关于加强和改进企业国有资产监督防止国有资产流失的意见》也明确要求,"探索建立国有企业经常性审计制度,对国有企业重大财务异常、重大资产损失及风险隐患、国有企业境外资产等开展专项审计"。

根据国家有关规定,结合出资人财务监督和企业管理工作的需要,企业内部审计机构应当履行以下主要职责:(一)制定企业内部审计工作制度,编制企业年度内部审计工作计划;(二)按企业内部分工组织或参与组织企业年度财务决算的审计工作,并对企业年度财务决算的审计质量进行监督;(三)对国家法律法规规定不适宜或者未规定须由社会中介机构进

---

① 参见《上市公司章程指引》第156、157条。
② 参见《上市公司治理准则》第52、54条。

行年度财务决算审计的有关内容组织进行内部审计;(四)对本企业及其子企业的财务收支、财务预算、财务决算、资产质量、经营绩效以及其他有关的经济活动进行审计监督;(五)组织对企业主要业务部门负责人和子企业的负责人进行任期或定期经济责任审计;(六)组织对发生重大财务异常情况的子企业进行专项经济责任审计工作;(七)对本企业及其子企业的基建工程和重大技术改造、大修等的立项、概(预)算、决算和竣工交付使用进行审计监督;(八)对本企业及其子企业的物资(劳务)采购、产品销售、工程招标、对外投资及风险控制等经济活动和重要的经济合同等进行审计监督;(九)对本企业及其子企业内部控制系统的健全性、合理性和有效性进行检查、评价和意见反馈,对企业有关业务的经营风险进行评估和意见反馈;(十)对本企业及其子企业的经营绩效及有关经济活动进行监督与评价;(十一)对本企业年度工资总额来源、使用和结算情况进行检查;(十二)其他事项。企业内部审计机构对年度财务决算的审计质量监督应当根据企业的内部职责分工,依据独立、客观、公正的原则,保障企业财务管理、会计核算和生产经营符合国家各项法律法规要求。

3. 内部审计在实践中存在的主要问题

内部审计作为国有企业依法设立的内部监督机构,理应起到监督企业经营管理和防范企业经营风险的作用。然而,在实践中,我国国有企业的内部审计制度存在一些问题。

第一,内部审计的职能定位不是很清楚。内部审计与国家审计、社会审计所服务的对象不同,它主要适应于企业内部经营管理的需要,目标是改善经营管理,提高经济效益。但是,由于我国国有企业内部审计是应国家审计的需要建立的,在很长时期被视为国家审计的补充。[①] 在此背景下,我国的企业内部审计,实际上是一种行政命令的产物,进而形成片面强调外向性服务及作为国家审计基础而存在的内部审计模式。因此,这种审计模式在客观上造成对内部审计性质认定上的模糊,不利于甚至阻碍着内部

---

① 参见余菁、王欣、常蕊:《转型中的中国国有企业制度》,经济管理出版社 2014 年版,第 156 页。

审计理论与实务的发展。实践中,内部审计在很大程度上成了国家审计在国有企业内部的延伸,所以内部审计只能审下不能审上,对企业领导人员缺乏制衡,工作中往往处于尴尬的境地。一方面内部审计所代行的国家审计的外部监督功能弱化了其本应具有的内部监督和管理功能;另一方面,企业经营管理者容易对内部审计产生抵触情绪,认为审计人员是上级派来监视自己的,致使内部审计难以融入企业的整体经营管理,审计工作难以真正展开。①

第二,内部审计缺乏独立性。尽管内部审计是企业内部一种重要的监督机制,但因容易受到企业内部控制人和经营管理者的支配,其独立性和权威性都受到限制,所以内部审计在实践中往往流于形式。近年来曝出一系列国有企业丑闻,如南航委托理财案、中铁建假发票案、中石化天价茅台案等都涉及企业内部审计部门的责任。我国内部审计机构的隶属关系主要有以下两种类型:一是受本企业董事会所属的审计委员会的直接领导,二是受本企业最高管理者的直接领导,如总经理的领导。这一内部审计机构的领导体制与立法上"应当接受审计机关的业务指导和监督"的要求是相悖的。根据中国内部审计协会2009年对951家已设立内审机构的国有企业的调查,国企内部审计机构60%以上隶属于总经理,隶属于董事会和监事会的只占不到1/4,尚有14%的企业内部审计机构与纪检监察合署办公。②即使在一些国有企业中设立有隶属于董事会的审计委员会,也普遍存在审计委员会与监察、纪检、法律和风险管理等部门合署办公的现象。③由于我国国有企业存在国家所有权缺位和严重的内部人控制问题,无论内部审计部门由管理层还是董事会领导,内部审计人员的任免和薪酬均由企业负责人掌控,因此其独立性和权威性受到很大的限制,难以发挥治理的作用。④

---

① 参见宋常、刘正均:《完善与发展我国企业内部审计的思索》,载《审计研究》2003年第6期。
② 参见中国内部审计协会:《国有企业内部审计发展报告》(2010年)。
③ 参见王玉兰:《大型国有企业内部审计研究——公司治理与国家治理视角》2013年第2期。
④ 同上。

第三,内部审计的人员素质不高,缺乏对审计人员的考核与问责机制。内部审计不能有效展开的一个重要原因是企业缺乏相关专业的人员和技术。从审计力量方面讲,多数大型国有企业的内部审计人员配备不足。《国际内部审计师协会内部审计标准说明》规定,内部审计师应具备财务、会计、企业管理、统计、计算机、概率、线性规划、审计、工程、法律等各方面的知识,以保证审计工作的质量。但据调查,2009年723家国有企业中,有310家内部审计人员配备不足,占42.88%,有188家内部审计人员专业技能缺乏,占26%。① 在需要对旗下子/分公司进行内部审计时,往往从其他子/分公司临时抽调,相互关照现象时有发生,这极大地影响到审计效力。②

第四,内部审计方式过于单一。内部审计方式基本为事后审计且审计间隔较长,对经常性审计、专项审计、跟踪审计、事前审计、事中审计等审计方式重视不够。审计内容较为狭窄,仍然以传统的财务收支审计和廉洁审计为主,而对国有企业重大财务异常、重大资产损失及风险隐患、国有企业境外资产、重要专项资金等事项尚未开展专项或跟踪审计。从审计署发布的审计公告看,对国有企业的财务绩效(如成本控制情况、企业盈利能力状况、资产质量状况、债务风险状况和经营增长状况)和管理绩效(包括战略管理、发展创新、经营决策、风险控制、基础管理、人力资源、行业影响、社会贡献等)等尚未予以充分关注或不予关注,没有实现企业国有资产审计监督的全覆盖。

第五,与有关部门未充分联动。除了部分国有企业审计实施与会计事务所的联动外,未曾发现审计机关与企业内部监管、国有资产管理机构监事会、税务稽查、财政评审、重大建设项目稽察等部门联动的案例,导致对国有企业的重复检查,降低了监督效能。③

---

① 转引自余菁、王欣、常蕊:《转型中的中国国有企业制度》,经济管理出版社2014年版,第157页。
② 参见时现、毛勇:《08'中国国有企业内部审计发展研究报告》,中国时代经济出版社2008年版,第97页。
③ 刘长翠(北京市发改委处长)在"完善国有企业审计监督制度"专题研讨会上的讲话。参见《完善国有企业审计监督制度专题研讨会观点摘要》,载《审计研究》2016年第3期。

(五) 财务总监委派制

针对目前实践中存在的由国有资产监督管理部门或者其授权机构委派至国有企业中的财务总监,本部分主要对财务总监委派的立法现状进行梳理,探讨其监督职责,并结合实例探讨其存在的主要问题。

1. 财务总监的角色定位及职责权限

财务总监制亦称财务总监委派制,是指在企业财产所有权与经营权相分离的情况下,由董事会或者企业所有者向企业委派财务总监,并授权其参与企业的重大经营决策,组织和监控企业日常财务活动的一种所有权监督制度。企业的财务总监一般包括两种形式,一是企业内部董事会下设立的财务总监,二是国家以所有者的身份凭借其对国有企业的绝对控股或控股地位,向其直接派驻财务总监的一种管理体制。本书重点关注后者,指由政府国有资产管理部门或授权机构直接或间接任命,派驻于企业执行财务监督的人员。这种国有企业财务总监委派制度下的"财务总监",只履行与财务事项有关的监督职能,不参与企业的战略规划、业务经营、财务管理,其实质是政府下派的财务监督人员。[①] 财务总监通过审核企业的重大财务事项,纠正企业的违规经营、督促企业提高财务管理水平、防范可能存在的营私舞弊。该制度是针对旧体制下国有企业政企不分、管理水平低下、道德风险较高等情况采取的一种对策。

财务总监制是顺应现代企业制度要求而建立的一种有效的监督机制。现代企业产权理论认为,企业独立享有自主经营权并不意味着对所有者行使所有权监督的排斥,而是一种相辅相成的关系。所有者监督不能仅停留在审阅企业的财务报告、考核经营业绩等事后监督上,而应贯穿于企业经营活动和财务收支的事前、事中和事后全过程。所有者对经营者具有终极的监督权利,经营者的任何懈怠、无能及败德行为,均可以通过外部股东强有力的监督机制得以矫正。为消除这一弊端,规范经理人行为,保护所有

---

① 李懿东:《从财务总监委派制走向内部审计制——实践中的企业国有资产监督方式》,载《经济体制改革》,2004年第2期。

者的利益,由国有资产管理部门授权,向企业派驻财务总监,使其以所有者的身份,保护受托人的合法权益,监督企业行为,逐步规范公司治理结构。财务总监制度是国有资产终极所有权与法人财产权分离后保障国有资产管理和营运有序进行的内在要求,是我国产权制度改革达到一定程度的必然产物。[1] 但也有观点认为,国有企业财务总监委派制度是旧国有资产管理体制下的监督措施,由于这种制度存在法规对抗、引起管理冲突和成本较高等不可克服的缺陷,因此它只能是一种过渡性质的制度,最终仍要回归到内部审计制度,以监督企业国有资产。[2]

国有企业的财务总监委派制度早已存在。1994年深圳市政府为维护国有企业所有者利益,防止国有资产流失,率先在部分国有企业中实行了财务总监制度。从试行情况看,大部分开展工作比较顺利,作用也较显著。据悉,委派财务总监的企业中没有发生重大国有资产流失和违反财经纪律问题。随后,全国许多省市借鉴这种制度,纷纷制定了地方性的关于财务总监制度的管理规定,实施财务总监制度。1997年,上海市委组织部、市财政局和市国有资产管理办公室联合下发《上海市国有企业财务总监管理暂行规定》,规定所有国有独资公司、国有资产控股的有限责任公司和股份有限公司,均应设置财务总监,实行财务总监委派制。

在党的十八届三中全会之后国企分类改革的背景下,一些省市的国资委在关于国企改革的规定中指出,在国有公共企业中,部分企业可以选择不设董事会。在依法不设董事会的国有公共企业中,可以通过委派熟悉财务或审计业务的外派财务总监来兼任,或选择设置审计专门委员会等机构,以强化监事会日常监督功能。例如,在党的十八届三中全会之后,上海市公布了《关于进一步深化上海国资改革促进企业发展的意见》,提出分类监管国资国企,设立"公共服务类企业,以确保城市正常运行和稳定、实现社会效益为主要目标",此外还专门设立了功能类国企,其经营业务主要是

---

[1] 参见王兆高:《对国有资产经营进行有效监控的途径:财务总监委派制》,载《国有资产管理》2001年第1期。
[2] 参见李懿东:《从财务总监委派制走向内部审计制——实践中的企业国有资产监督方式》,载《经济体制改革》2004年第2期。

承担政府特定任务或实现特定功能,以完成任务为主要目标;规定"对于公共服务类和功能类国有企业,可以外派财务总监"。① 可见,在国有公共企业中实施财务总监委派制,是改革发展的必然趋势。

2. 财务总监与国企内部其他监督机制之间的关系

(1) 财务总监与监事会的关系

财务总监与监事会都是专职监督人员,都可列席公司董事会,但也存在若干区别。首先,在机构设置上,监事会是公司内部的常设机构,与董事会处于平行地位,独立行使监督职能,而财务总监是外部派驻企业的专职监督人员;其次,在监督职能的履行上,监事会主要对企业的财务进行事后监督,重点是对董事、总经理进行合法性监督,而财务总监不仅进行合法性监督,更进行合理化和效益化的监督,并且监督贯穿于公司财务活动的全过程,包括事前、事中及事后监控。

(2) 财务总监与内部审计的关系

第一,财务总监由国有资产监督管理部门或者授权机构委派,属于国有企业外部监督机制,相比内部审计具有一定的独立性。内部审计负责人如同总会计师一样是由公司经理提名,董事会审批,属经理领导的内部财务监督人员,经济利益与公司紧密联系,是审计独立性弱化的一种监督。②

第二,财务总监有权采取措施制止经理的违规违法行为和决策失误行为,而内部审计人员只能在经理授权范围内开展带有滞后缺陷的审计工作,主要是监督公司内部各部门的行为,难以直接制约和控制经理行为。③

第三,财务总监还具有指挥组织公司财务活动、协调监督机制的作用,对公司财务活动实施直接监督,调整公司审计委托关系,实行财务总监年度报告制度等,而内部审计却没有管理财务活动的职能。

3. 财务总监委派制存在的问题

财务总监制度自1994年创设以来,在企业国有资产管理方面发挥了

---

① 《关于进一步深化上海国资改革促进企业发展的意见》第10条。
② 参见杨肃昌:《关于对财务总监制度本质的认识》,载《会计研究》1998年第2期。
③ 同上。

重要作用,如规范分权下国企经理人的行为,维护国家所有者的合法权益,保障国有资产的保值和增值,规范会计信息的真实披露等。但是,这一制度作为地方行政法规,在实际运作中也暴露了的一些缺陷和深层次的问题,在立法层面和经济管理层面上存在着缺陷:

(1) 目前关于财务总监最大的不足就是欠缺立法上的规定。

财务总监委派制的立法权被赋予地方政府,这种没有中央政府指导意见、没有制定统一法规,完全由地方政府自行行政的"财务总监"制度,在适用中缺乏统一性。同时,财务总监的选任、权利保障、职能发挥等,都与党政机关的纪律检查部门运作机制相似,是一种职能性工作,并不能很好地体现出资人的内生性态度、责任和动力,难以发挥出资人代表那种近身监督、全程监督和事前监督的作用。因此,也有学者提出应当制定一部《财务总监法》,以明确财务总监的法律定位,完善财务总监的工作职能。[①]

(2) 信息不对称导致难以深入企业内部进行有效监督。

财务总监是国企的产权代表向企业派出的财务监督专家,其职位设计为国企行政副职这一层次,与国企经营者的关系是支持、配合与监督的关系。但是,财务总监委派制也有制约其实施有效监督的致命弱点。财务总监虽然能够参加国企的高层会议,获取决策信息,但因其属于产权代表委派,具有外部人性质,难以深入了解到企业内部的具体情况,难以及时掌握执行中存在的问题。[②] 同时,对于国有公共企业而言,财务总监难以判断企业行为是否符合企业的社会效益和控制成本的目标。

(3) 欠缺独立性。

尽管一些地方的暂行规定中明确规定了财务总监的职责、权利和义务,但一些接受委派的财务总监受人情等因素的影响,对企业违规违纪等现象睁一只眼闭一只眼,不愿履行监督职责。这就导致财务总监的工作流于形式,其工作的积极性也会受到影响,企业依然得不到有效的监督。有

---

① 参见蔡蓓:《关于实行财务总监委派制的思考》,载《中南民族大学学报(人文社会科学版)》2003年S1期。

② 参见黄越:《试论产权关系下的财务总监制度》,载《西北大学学报(哲学社会科学版)》2001年第3期。

研究以沪深两市 A 股上市公司 2007—2009 年的数据为研究样本进行实证分析,得出的统计数据表明,在财务总监背景特征方面,国有和非国有上市公司的财务总监均以男性为主,但其比例与董事长相比却要低一些;国有上市公司财务总监的年龄和任期均略高于非国有上市公司,学历和教育背景则与非国有上市公司无明显差异。同时,国有上市公司的财务总监一般是委派或者任命,这种任命的不确定性使得财务总监随着年龄和任期的增大,会过多地考虑自己和上级领导的政治前途,从而操纵会计政策,降低会计稳健性,而对非国有上市公司财务总监实行的是市场选择机制,不存在这种类似情形。[①]

(4) 对派出的财务总监没有实行有效的约束控制和绩效考核及激励制度。

立法没有对财务总监的绩效考核标准进行分类,而统一采用经济利润指标来衡量财务总监的工作业绩,这对于国有公共企业的财务总监而言是不公平的。因为以经营业绩、经济利润率作为对国有公共企业财务总监的考核标准是难以作出合理、准确的评价的。

(六) 职工民主监督机制

职工民主监督机制是利益相关者监督企业经营治理的重要机制之一,也是推动国有公共企业发挥民主监督的一项重要监督机制。当前,在我国国有股股权代表缺位的情况下,强调利益相关者治理可以弥补所有者监督的空白。本部分主要对我国国有企业中的职工民主监督机制的相关立法规范进行梳理,并审视其在实践中存在的主要问题。

1. 关于职工民主监督机制的制度规范之梳理

我国是实行生产资料公有制的社会主义国家,对国有企业实行民主监督,既是职工的基本权利,也是社会主义制度优越性的重要体现。1986 年实施的《全民所有制工业企业职工代表大会条例》就规定,职工代表大会评

---

① 张兆国、刘永丽、谈多娇:《管理者背景特征与会计稳健性——来自中国上市公司的经验证据》,载《会计研究》2011 年第 7 期。

议、监督企业各级领导干部,并提出奖惩和任免的建议。《建立和完善中央企业职工代表大会制度的指导意见》规定,职代会有监督评议权。2003年由国务院发布的《企业国有资产监督管理暂行条例》第36条明确规定,国有及国有控股企业应当依照国家有关规定建立健全职工民主监督制度。我国《公司法》第18条规定:"公司依照宪法和有关法律的规定,通过职工代表大会或者其他形式,实行民主管理。"《公司法》同时就公司职工董事、监事制度作出了较为完善的规定。

相关立法对于国有企业中职工监事的选任程序和方法也作出了相应规定。2008年的我国《企业国有资产法》第22条明确规定:"国家出资企业中应当由职工代表出任的董事、监事,依照有关法律、行政法规的规定由职工民主选举产生。"根据我国现行法律法规的规定,国有企业职工民主监督主要通过职工董事制度、职工监事制度、职工代表大会和工会制度实现。2007年8月出台的《国有企业监事会兼职监事审批工作指南》规定,企业兼职监事(企业职工代表)推选范围为本企业正式职工(不含子公司和分公司),企业领导班子成员,财务、资产经营、投资管理等部门的工作人员,总裁(总经理)助理、办公室(厅)主任、董事会秘书,不宜担任监事会兼职监事。

关于职工监事方面,《公司法》明确规定了职工监事的比例。从适用公司的范围看,职工监事制度较职工董事制度覆盖面宽,适用于所有类型的公司,具有普遍性,而不像职工董事制度只是例外。但遗憾的是,对于职工监事的比例,1993年《公司法》未作硬性规定,而是交由公司章程规定,这就为排挤职工监事留下了空子。1993年《公司法》规定,监事会中股东和职工代表组成的具体比例由公司章程规定,这难免会产生随意性。所以对监事会的改革,首要的任务是要通过《公司法》的修改,转变过去由公司章程确定职工监事比例的立法态度,改由《公司法》直接规定具体的职工监事比例,避免随意性,以稳定职工的监督地位。监事会人数不宜过少。1993年《公司法》没有规定,好在《上市公司章程指引》第129条规定了公司职工代表担任的监事不得少于监事人数的1/3,弥补了其规定的不足。

2005年《公司法》依据《上市公司章程指引》的经验,规定有限责任公司设立监事会,其成员不得少于3人。监事会应当包括股东代表和适当比例的公司职工代表,其中职工代表的比例不得低于1/3,具体比例由公司章程规定。国有独资公司监事会成员不得少于5人,其中职工代表的比例不得低于1/3,具体比例由公司章程规定。股份有限公司设立监事会,其成员不得少于3人。监事会应当包括股东代表和适当比例的公司职工代表,其中职工代表的比例不得低于1/3,具体比例由公司章程规定。[①] 从上述规定可以看出,无论是国有独资公司、其他有限责任公司(包括一人公司),还是股份有限公司,在职工董事的比例上,都不得低于1/3,在保证此前提的情况下,具体比例由公司章程规定。甚至规定在有限责任公司和股份有限公司中,监事会成员不得少于3人的情况下,职工监事仍至少要占到1名。可见,2005年《公司法》在推行职工监事制度、保障职工参与公司监督方面的力度非同一般,它将职工监事制度、职工参与公司治理制度又向前推动了一大步。

2. 职工监事在实践中存在的主要问题

尽管2005年《公司法》和2008年《企业国有资产法》等立法对职工监事的权利义务作了明确规定,在职工监事行使监督权的制度建设方面取得了很大进展,但是职工监事制度的实际运行情况并不乐观,不少职工监事有名无实,在其位而难谋其政。总结来看,存在的问题主要集中在以下几点:

(1) 职工监事选任资格和程序缺乏合理性

《国有企业监事会兼职监事审批工作指南》规定,企业兼职监事(企业职工监事)推选范围为本企业正式职工(不含子公司和分公司);企业领导班子成员,财务、资产经营、投资管理等部门的工作人员,总裁(总经理)助理、办公室(厅)主任、董事会秘书,不宜担任监事会兼职监事。而从前文所列举的中石化集团公司的案例中可以看出,职工监事设置存在形式主义。

---

① 参见《公司法》第52、71、118条。

与此同时，在实践中，职工监事中工会代表所占比例往往过高，在一定程度上背离了职工参与权制度的本意，究竟应如何平衡一线职工代表与工会代表之间的关系，法律未进行清晰的规范。①

另外，《公司法》和《企业国有资产法》等立法虽然规定了职工可以通过民主选举程序选出自己的代表，但是却没有规定具体的选举程序、任职资格、任期、权益保护、罢免条件等，因此在实践中难以操作。尽管《国有企业监事会兼职监事审批工作指南》规定了职工监事的推选程序，即召开企业领导班子会议，确定人选名单——国监办资格初审——职工代表大会选举对初审合格人选进行民主选举——由国监办确定，发文批复。但是该规范性文件属于工作指南，不具有强制执行力，其法律效力层级远远低于法律和行政法规。

（2）缺乏独立性，职工监事在其位却难谋其政

实践中职工监事往往不同意外派监事的监事报告，站在经理层的立场上说话，甚至出现向总经理透露监事报告信息等情况。职工监事独立性低，导致一些信息容易外露，甚至干扰正常的监督检查活动，从而降低监督效率和监督效果。②除了能力上不能对经营者进行有效监督外，职工监事的职位级别一般低于企业经营管理者，出于自身利益考虑职工监事也不敢行使监督权。因此，在国有企业设立职工监事的初衷是维护职工权益，而最后却往往维护的是总经理等高级管理人员的利益，职工监事并未发挥设计之初所要达到的效果，未能代表职工利益。

（3）职工监事的专业性不足使其难以胜任监督重任

实践中，公司监事大多是党务、纪检、政工、工会干部，他们中很多人不懂法律、财会审计方面的专业知识，在文化程度、管理经验方面显著低于其

---

① 参见郝磊：《利益平衡视野下我国公司的职工参与权制度研究》，载《国家行政学院学报》2011年第2期。
② 参见卢福财主编：《中央企业公司治理报告（2011）》，中国经济出版社2011年版，第121页。

他管理人员。① 监事一般必须具备相应的专业知识,掌握有关资本营运、市场营销、财务分析、财务审计等方面的知识,非业务人员担任职工监事,是很难有效发挥监督作用的。然而,我国公司立法和国有企业相关立法还未对职工监事的专业技能提出明确要求,或者虽有规定,但法律层级效力低,并且规定过于空泛。

(4) 缺乏职工监事的具体工作规范机制,实践中操作难度大。

《公司法》关于职工监事的规定较为笼统,未规定职工监事工作的规范性机制。尽管一些企业制定了"职工监事制度",但只就建立职工监事制度的基本原则、人选、当选程序、权利义务等提出了原则性意见,职工监事无法在企业生产经营中按程序开展工作,具体操作随意性较大。这就造成一些国有企业在职代会内容安排和程序上走形式,例如,有的企业年度职代会内容与年度党政干部大会内容基本雷同,针对性不强;有的企业在召开董事会、监事会时,不将会议内容事先通知职工监事,使他们无法主动参与决策和监督;等等。②

三、监督之激励与责任论

作为过程监督的鼓励与督促以及事后监督的救济途径,建立监督的激励与法律责任体系不可或缺。本节主要针对我国国有企业监督职能承担者的考核评价激励机制和法律责任的相关立法规范进行梳理,并审视其在实践中存在的主要问题。

(一) 监督职能承担者激励与责任机制的目标定位

激励与以责任为核心的约束机制实质上是指委托人设计的一套合理而有效的考核方法与配套措施,用以引导代理人自觉地采取适当的行为,

---

① 参见丁春贵:《基于利益相关者治理的公司监事会制度研究》,载《安徽大学学报》2007年第 期。
② 参见徐晓松等:《国有企业治理法律问题研究》,中国政法大学出版社2006年版,第182页。

实现委托人的利益最大化，使委托人与代理人在相互博弈的过程中实现双赢。国有企业的双重委托—代理关系决定了激励与责任机制设立的必要性。激励机制设置的初衷就是鼓励和督促具有监督职能的承担者能够勤勉、忠实、积极地行使监督权利，有效监督国有企业中的财务和经营行为；而责任机制的确立是对监督职能承担者违法违规行为的最后救济手段，企业监督治理机制的完善最终还是要通过责任机制予以保障。

对于不同类型国有企业的监督职能承担者，应当有着不同的激励与责任机制。国有资本的特殊属性主要在于其所有权归属和其所处的特定社会制度，国有资本的所有者是国家，它要按照国家利益的需要，借助于国有企业的生产经营活动，达到国家对社会经济活动有效调节的目的。就国有公共企业而言，国有资本的作用就是要凸显其服务社会的功能，各分类企业功能、定位各不相同，考核重点也应有所不同。不同于以市场化和实现经济效益导向为主的国有商事企业，对于国有公共企业而言，考核重点应以提供的公共产品和服务是否满足城市发展和市民生活服务需求导向为主，以完成政府工作任务和提供安全、优质、高效的公共服务为主，以实现社会效益为重点。

国有商事企业与国有公共企业之间应有所区别，前者侧重经济价值，后者因其以弥补市场失灵为目的，提供民营企业不能或不愿提供的公共产品和服务，所以应当主要以社会价值为主，以实现公共利益作为首要目标。这类企业存在的首要目标是满足社会效益或者特定的功能保障，而其效率或利润指标往往要服从于首要目标。因此，在对国有公共企业的监督职能承担者进行业绩考核评价时，就不能简单地以经济效益为主进行考核，而应当根据国有公共企业所处的不同产业领域、股权结构，综合考虑，合理分配二者的权重，以有效提供公共产品和服务的能力为主，兼顾企业运营效率的提高和运营成本的控制。

（二）监督职能承担者激励与责任机制之立法规定

1. 关于监事、外部董事承担责任的一般规定

监督职能承担者在违反了对企业所负的监督义务时，就应当对企业承

担相应的责任,责任形式主要包括民事责任、刑事责任和行政责任。从公司立法角度而言,主要涉及监督职能承担者的民事赔偿责任。《公司法》第149条明确规定:"董事、监事、高级管理人员执行公司职务时违反法律、行政法规或者公司章程的规定,给公司造成损失的,应当承担赔偿责任。"

监督职能承担者因违法行为而给企业利益造成重大损失时,应当承担相应的刑事责任。监督职能承担者的刑事责任在2006年《刑法》的新增规定中被加以明确。《刑法》第169条规定:"上市公司的董事、监事、高级管理人员违背对公司的忠实义务,利用职务便利,操纵上市公司从事下列行为之一,致使上市公司利益遭受重大损失的,处三年以下有期徒刑或者拘役,并处或者单处罚金;致使上市公司利益遭受特别重大损失的,处三年以上七年以下有期徒刑,并处罚金:(一)无偿向其他单位或者个人提供资金、商品、服务或者其他资产的;(二)以明显不公平的条件,提供或者接受资金、商品、服务或者其他资产的;(三)向明显不具有清偿能力的单位或者个人提供资金、商品、服务或者其他资产的;(四)为明显不具有清偿能力的单位或者个人提供担保,或者无正当理由为其他单位或者个人提供担保的;(五)无正当理由放弃债权、承担债务的;(六)采用其他方式损害上市公司利益的。上市公司的控股股东或者实际控制人,指使上市公司董事、监事、高级管理人员实施前款行为的,依照前款的规定处罚。犯前款罪的上市公司的控股股东或者实际控制人是单位的,对单位判处罚金,并对其直接负责的主管人员和其他直接责任人员,依照第一款的规定处罚。"

关于监督职能承担者的行政责任,《企业国有资产法》第71条规定,"国家出资企业的董事、监事、高级管理人员有下列行为之一,造成国有资产损失的,依法承担赔偿责任;属于国家工作人员的,并依法给予处分:(一)利用职权收受贿赂或者取得其他非法收入和不当利益的;(二)侵占、挪用企业资产的;(三)在企业改制、财产转让等过程中,违反法律、行政法规和公平交易规则,将企业财产低价转让、低价折股的;(四)违反本法规定与本企业进行交易的;(五)不如实向资产评估机构、会计师事务所提供有关情况和资料,或者与资产评估机构、会计师事务所串通出具虚假资产评估报告、审计报告的;(六)违反法律、行政法规和企业章程规定的决策程序,决定企业重大事项的;(七)有其他违反法律、行政法规和企业章程执行职务行为的。国家出资企业的董事、监事、高级管理人员因前款所列行为取得的收入,依法予以追缴或者归国家出资企业所有。履行出资人职责的机构任命或者建议任命的董事、监事、高级管理人员有本条第一款所列行为之一,造成国有资产重大损失的,由履行出资人职责的机构依法予以免职或者提出免职建议。"

2. 国有企业监事会成员的激励与法律责任

有关国企监事会成员的激励内容被规定在有关立法中,例如《企业国有资产法》第 27 条规定:"国家建立国家出资企业管理者经营业绩考核制度。履行出资人职责的机构应当对其任命的企业管理者进行年度和任期考核,并依据考核结果决定对企业管理者的奖惩。"根据国家公务员考核的有关规定和要求,外派监事的考核标准包括德、能、勤、绩四个方面,重点是履行监事会职责、完成分工负责的监督检查任务。考核结果作为外派监事奖惩、任免的依据。《国有企业监事会暂行条例》(以下简称《暂行条例》)中进一步规定,对在监督检查工作中维护国家利益做出重要贡献的、工作业绩突出的监事会成员,给予相应的奖励。[①]

监事会工作人员的法律责任,是指监事会工作人员不履行、不能履行或不能依法履行其法定的公务义务,或违反公务纪律时,必须承担的一定的法律后果。监事会工作人员承担法律责任,主要有行政处分(纪律处分)和刑事责任。依据《暂行条例》的规定,监事会工作人员不履行或不能依法履行其法定的公务义务,如不履行或不能履行"六要""六不"行为规范和《暂行条例》第 19、21、22 条规定的义务时,应依法承担相应的法律责任。对企业的重大违法违纪问题隐匿不报或者严重失职的;与企业串通编造虚假检查报告的;监事会工作人员从事了职务犯罪活动,按情节轻重,应当依法承担刑事责任。对于身为中国共产党党员的监事会工作人员,应严格执

---

① 参见《国有企业监事会暂行条例》第 23 条。

行中央纪律检查委员会的各项规定和要求,如有违纪则应从严处分。监事会工作人员发生行政失职行为、行政越级行为、滥用职权行为、泄露国家机密的违法行为等,致使被监督企业和有关人员的合法权益受到损害的,要承担法律责任。

3. 国有企业外部董事的薪酬激励与法律责任

2009年的《董事会试点中央企业专职外部董事管理办法(试行)》对专职外部董事的薪酬作出了明确的规定,主要内容有:专职外部董事的评价实行年度评价与任期评价相结合;专职外部董事的薪酬标准由国资委制定;专职外部董事薪酬由基本薪酬、评价薪酬、中长期激励等部分构成;专职外部董事的基本薪酬每三年(与中央企业负责人经营业绩考核任期相同)核定一次,基本薪酬按月支付;专职外部董事评价薪酬和中长期激励办法另行制定;专职外部董事的薪酬为税前收入,应依法缴纳个人所得税,专职外部董事薪酬由国资委支付;受委托机构每年根据专职外部董事薪酬管理办法拟订专职外部董事薪酬方案,报国资委审核后兑现。① 国资委《关于国有独资公司董事会建设的指导意见(试行)》明确规定"外部董事的薪酬应充分考虑其担任的职务和承担的责任。外部董事薪酬由国资委确定,由所任职公司支付。外部董事在履行职务时的出差、办公等有关待遇比照本公司非外部董事待遇执行。除此以外,外部董事不得在公司获得任何形式的其他收入或福利。"

现行外部董事的薪酬,主要以年度固定报酬为主,由年度基本报酬、董事会会议津贴、专门委员会会议津贴组成。各国资监管部门根据所监管企业的实际情况,规定了不同的薪酬标准。如国务院国资委在确定央企外部董事薪酬时,考虑了外部董事在董事会的任职(是否担任董事长、副董事长、专门委员会主任)、履职时间、所在企业规模(即承担的责任)、与企业负责人薪酬的比例等四个主要因素。只担任外部董事职务的,按照企业规模分为三档,其年度基本报酬分别为8万元、6万元、4万元,董事会会议津贴

---

① 参见《董事会试点中央企业专职外部董事管理办法(试行)》第15—21条。

是3000元/次,专门委员会会议津贴是2000元/次。各省市国资监管部门规定的外部董事年度基本报酬未与企业规模挂钩,且低于央企外部董事的薪酬。①

《董事会试点中央企业专职外部董事管理办法(试行)》第22条对专职外部董事的责任约束机制作出了明确的规定:专职外部董事有下列情形之一的,予以免职(解聘):(一)达到任职年龄界限的;(二)年度评价或任期评价结果为不称职,或者连续两个年度评价结果为基本称职的;(三)履职过程中对国资委或任职公司有不诚信行为的;(四)因董事会决策失误导致公司利益受到重大损失,本人未投反对票的;(五)因健康原因长期不能坚持正常工作的;(六)交流担任中央企业负责人职务的;(七)因其他原因需要免职的。"

4. 国有企业内部审计工作人员的法律责任

2003年,审计署发布《关于内部审计工作的规定》。其第19条全面规范了内部审计的职责和功能,指出内部审计人员应当依法审计、忠于职守、坚持原则、不得滥用职权、徇私舞弊、泄露秘密、玩忽职守。2004年,国资委颁布并实施了《中央企业内部审计管理暂行办法》,第42—45条的规定:"对于企业出现重大违反国家财经法纪的行为和企业内部控制程序出现严重缺陷,除按规定依法追究企业主要负责人、总会计师(或者主管财务工作负责人)及财务部门负责人的有关责任外,同时还相应追究企业审计委员会及内部审计机构相关人员的监督责任。对于滥用职权、徇私舞弊、玩忽职守、泄露秘密的内部审计人员,由所在单位依照国家有关规定给予纪律处分;涉嫌犯罪的,依法移交司法机关处理。对于打击报复内部审计人员问题,企业应及时予以纠正;涉嫌犯罪的,依法移交司法机关处理。受打击报复的企业内部审计人员有权直接向国资委报告相关情况。被审计单位相关人员不配合企业内部审计工作、拒绝审计或者不提供资料、提供虚假资料、拒不执行审计结论的,企业应当给予纪律处分;涉嫌犯罪的,依法移

---

① 参见罗新宇主编:《国有企业分类与分类监管》,上海交通大学出版社2014年版,第232页。

交司法机关处理。"2005年,国资委下发《关于加强中央企业内部审计工作的通知》,其第12条要求切实履行内部审计的工作责任,规定:"为推进内部审计持续有效发展,建立内部审计质量控制体系,加强审计管理,提高审计工作质量,中央企业各级负责人和内部审计人员要认真履行工作职责。一要建立审计责任追究制度,对于审计人员玩忽职守,出现重大审计事项错漏、重大线索遗失和对重大违纪、违法事项不披露的或者未按规定履行审计工作职责的,要追究审计人员责任;对于审计制度不健全,未按要求开展审计业务的,应追究企业负责人和审计部门负责人的责任。二要建立内部审计质量考评体系,公正评价审计人员工作业绩,切实保护审计人员的合法权益,提高审计人员工作积极性。……"

5. 国有企业财务总监的激励与职责

目前关于国有企业财务总监的立法还极不健全,还没有制定统一的法律法规,也没有中央政府统一的指导意见。实践中,财务总监委派制的立法权被赋予地方政府,这种完全由地方政府自行行政的"财务总监"制度,在适用中缺乏统一性。以上海市为例,参见《上海市国有企业财务总监管理暂行规定》1997年、上海市财政局、上海市国资办、上海市委组织部印发。《上海市国有企业财务总监管理暂行规定》,其中,财务总监的考核评价机制被规定在第14条中,即对财务总监实行严格的定期和任期考核,由公司董事会组织实施,上级组织干部部门参与。考核中要注意听取监事会的意见。考核结果作为财务总监续聘、解聘和奖惩的依据。该《暂行规定》第9条则进一步规定了财务总监的主要职责:"(一)对公司董事会和总经理负责,保证公司财务会计活动健康运行,确保国有资产的保值增值;(二)对公司财务报表、报告的真实性、合法性和完整性负责;(三)对参与拟订的计划、决策失误所造成的公司经济损失承担相应责任;(四)对未能发现和制止公司违反国家财经管理法律、法规的行为承担相应责任;(五)董事会规定的其他责任。"

(三) 监督职能承担者激励与责任机制存在的主要问题

目前我国在建立有效的国有企业监督职能承担者的激励与约束机制

方面主要存在以下问题。

1. 国有企业分类激励与责任机制还未搭建

当前国企监督有效性缺失的一个重要原因就是没有建立分类激励与责任机制。实践中,由于没有对国有企业按功能定位进行分类,故而缺乏针对不同类型国有企业而分类设计的考核机制,国有公共企业和国有商事企业都采用同一标准进行考核,致使国有公共企业本应以社会效益作为考核标准,却以经济业绩作为考核标准,这样势必导致企业监督职能承担者对企业经营者的监督也以追求经济利益最大化为目标,而忽视公共企业本应承担的社会责任和追求公共利益为目标的义务和职责。"国有公共企业的监督机制对企业进行评价主要是以财务评价为基础进行定性分析,没有设立具体的监督标准和监督目标,或者即使设定了监督目标,但内容也不明确,主观性较强,缺乏科学性,使得实践操作中对目标的设定呈现多样性和随意性,从而影响了监事的监督积极性,不利于监事有效发挥监督职能。"[①]《国有企业监事会暂行条例》第5条第三项规定:"检查企业的经营效益、利润分配、国有资产保值增值、资产运营等情况。"该条款仅笼统地规定了财务监督的目标是企业经济效益的提高和国有资产的保值增值,对于监督标准和目标的设定却没有考虑应当区分国有公共企业与国有商事企业。由于不同性质的企业对于经营目标有着不同的要求,监督标准和目标设定应当有所区别。对于国有公共企业,监督的目标应当考虑到社会公共利益与企业的社会责任。因此,深化国企改革、建立并完善国有公共企业监督制度有必要建立分类考核评价的长效激励与责任机制,从而激发国企改革的内生动力与活力,提高监督的针对性和有效性。

2. 考核评价与问责制度欠缺完备性

关于国有公共企业的监督治理,还缺乏对监督职能承担者制度化、体系化的激励与责任约束措施。对于实践中的很多国有公共企业,无论是外派监事、内设监事、财务总监还是内部审计,都还未建立起完备的考核激励

---

① 甘培忠:《论完善我国上市公司治理结构中的监事制度》,载《中国法学》2001第5期。

与问责机制,或者即使已部分建立却形同虚设,没有发挥有效的监督作用,从而导致对这些监督职能承担者的奖惩未能落在实处,使其在工作中缺乏监督的积极性和主动性,企业的好坏与他们并没有直接的关系,进而严重影响了监督的有效性。考核评价与问责机制的不完备使得我国国有公共企业监督职能承担者远未达到尽职尽责的要求。例如,《企业国有资产法》第 27 条规定:"国家建立国家出资企业管理者经营业绩考核制度。履行出资人职责的机构应当对其任命的企业管理者进行年度和任期考核,并依据考核结果决定对企业管理者的奖惩。"尽管《企业国有资产法》中对董事和监事的考核作出了制度安排,并将考核结果作为外派董事和监事奖惩、任免的依据,但是考核评价的内容较为笼统、不明确,不利于外派董事和监事有效开展监督工作。再如,《国有企业监事会暂行条例》第 23 条规定,对在监督检查工作中维护国家利益作出重要贡献的、工作业绩突出的监事会成员,给予相应的奖励。在实践中,也有的国有企业监事会设立了对作出突出贡献的监事会成员给予物质和精神奖励,可以破格晋级或越职晋升的相关规定,但在实际监督检查工作过程中,这种奖励机制的可操作性较差,效果难以体现。① 因此,国企监督治理机制往往流于形式,究其根本原因,主要还是缺乏对监督职能承担者较完备的考核评价与问责制度。

3. 考核评价的标准不科学

实践中,国有公共企业监督职能承担者的考核评价机制缺乏科学合理性,其所遵循的考核评价原则和标准体系难以适应国有公共企业监督标准的特殊性,导致监督实效性较弱。我国国企的外派监事会主席由副部级官员担任,专职监事也由国务院任命,也就是说,外派监事会成员大多由国家公务员组成。根据国家公务员考核的有关规定和要求,外派监事的考核标准包括德、能、勤、绩四个方面,重点是履行监事会职责、完成分工负责的监督检查任务。根据《国有企业监事会暂行条例》规定,结合监事会工作的实际,制定了实施细则性的规范制度,其中包括《关于监事会工作"六要""六

---

① 参见卢福财主编:《中央企业公司治理报告(2011)》,中国经济出版社 2011 年版,第 120 页。

不"的行为规范》。"六要"的具体内容是:一要认真学习邓小平理论,学习"三个代表"的重要论述,贯彻党的基本路线,与党中央保持一致;二要坚持原则,清正廉洁,严于律己,公道正派,光明磊落;三要依法办事,敢于讲真话,不怕得罪人,勇于同违反国家法律、法规、政策、财经纪律和弄虚作假的行为作斗争,自觉维护国家利益;四要努力学习,不断提高政治素养、政策水平、业务能力;五要正确行使监督权力,实事求是,全面准确地评价和反映企业的经营、财务状况和领导人员工作业绩;六要严格履行公务员义务,恪尽职守,埋头苦干,深入群众,注意听取各方面意见,提高工作质量和工作效率。"六不要"的具体内容是:不得泄露检查结果和企业商业秘密;不得参与和干预企业的经营决策和经营管理活动;不得直接向所监督企业发表结论性意见和提出经营管理方面的建议;不得让企业承担检查费用和接受企业的任何馈赠、报酬、福利待遇;不得吃请受礼、借机游山玩水和参加有可能影响公正履行公务的活动;不得在企业兼职、购买股票和为自己、亲友及他人谋取私利。"六要""六不要"的行为规范体现了浓郁的政治性色彩和党的作风要求导向,不同于现代企业治理中保障股东监督权利的行使和维护股东利益的根本性要求,与国有企业(公司)的内部监督治理的根本目标欠缺融合性。

2009年公布的《上海市市管国有企业外部董事管理办法(试行)》第22条规定:"评价外部董事的重点是董事的德、能、勤、绩、廉,主要包括职业操守、履职能力、勤勉程度、工作实绩、廉洁从业等内容"。这也成为目前国有企业对董事包括外部董事的年度考核评价内容。但是,该考核评价标准具有一定的局限性。德、能、勤、绩、廉主要针对的是党政干部,体现了浓郁的政治性色彩和党的作风要求导向,而外部董事制度源于现代企业治理理论,应当追求保障股东监督权利的行使和维护股东利益的根本目标。因此,该考核标准与国有企业(公司)内部监督治理的根本目标欠缺融合性。此外,也有观点认为,对外部董事的德、能、勤、绩、廉以及职业操守、履职能力、勤勉程度、工作实绩、廉洁从业等内容,在评价中没有细化的行为描述,为评估打分带来困难,等级分数更多是凭个人的经验和感觉作出的判断;

笼统的有关德、能、勤、绩、廉面面俱到的评价,客观上也会分散被评价者的注意力,他们无法识别和判断哪些行为是自己首先要完成的行为,哪些行为是需要改进和加强的行为,因此,评价后对改进工作的指导性不强。①

日常管理是目前外部董事制度的薄弱环节。大部分省市国资委重视对外部董事的选聘,但外部董事上任后,除了要求其定期上交年度履职报告、每年组织一次座谈会以外,平时缺乏对外部董事的日常管理、培训以及考核,从而容易造成反馈和评价的时间间隔比较长,不利于纠正错误的行为。可以说,这样的考核评价机制没有起到有效的激励导向作用。

4. 监督职能承担者的责任机制仍不健全

从我国国有企业的内部监督主体来看,监督职能承担者的责任机制仍不健全。被监督企业差异性大,监督工作目标呈现多样性,目标设定过程中难以避免随意性,业绩评价标准过于笼统和不明确,影响监事的履职积极性;监督职能承担者可能会因为激励约束机制欠缺、信息不对称和监督责任不到位等原因而导致履职风险。我国国有企业屡屡出现高管落马事件,企业内部监督治理机制却鲜有发挥其监督防范功能的,充分体现了制度缺陷。

在实践中,外派监事一般具有国家公务员的身份,以其政治责任感和工作自觉性对委派的机构承担行政责任。这样的行政化责任管理体系难免会出现问题:对外派监事会的考核既不同于董事会和经理层的考核,又不能等同于普通国家公务员的考核,责权利原则难以贯彻。② 与此同时,外部董事承担的责任不明确,危害极大,主要体现在几个方面:"一是内外董事的关系难以协调。内部董事认为是挨查的,处处表现为谨小慎微,但求无过;外部董事则认为是来帮忙的,有的甚至会以钦差大臣自居,瞎批评、乱指责。二是外部董事缺乏动力。如果不明确外部董事要承担的责任,有

---

① 参见周评、杨丽伟:《对外部董事评价体系的思考——以上海市国有企业外部董事评价为例》,载《华东经济管理》2012年第9期。
② 参见罗新宇主编:《国有企业分类与分类监管》,上海交通大学出版社2014年版,第190页。

些董事就会无所用心,得过且过。看材料,漫不经心。提问题,不着边际。"①此外,对内部审计人员的审计工作缺乏质量评估,没有考核标准和问责机制,对审计人员的审计效果缺乏有力的职业道德约束。

因此,我国国有公共企业监督职能承担者现行的考核评价激励与问责机制还很不健全,主要存在未进行分类考核评价、考核评价制度不完备、评价内容缺乏针对性、责任追溯机制不完善等问题,尤其是评价结果作用有限,对监督职能承担者的激励、任免影响不大。通过立法加强对监督职能承担者的履职考核与评价,完善激励与责任机制是非常必要的。应当建立科学的分类监督体系,针对国有公共企业目标与功能定位的特殊性建立专门的激励与责任约束机制,科学评价监督职能承担者的履职行为,促进其保持最佳工作状态,积极发挥监督作用。

---

① 陶友之:《论国有企业外部董事制的"利"与"弊"》,载《探索与争鸣》2009年第10期。

第三章

日本公共企业监督治理制度考察与评析

本章主要研究市场经济发育比较成熟国家的公共企业的监督法律制度，重点考察日本公共企业的监督治理规范体系，选取几个代表性的公共企业（如铁路、邮政、电信），通过分析相关立法规定以及在特殊事项上由专门法律作出的规定，探讨其监督治理法律制度在实现保障社会公众利益目标方面的有效性。

一、日本公共企业研究综述

有关日本公共企业的研究文献很丰富，早在明治时代，宪法和行政法学者美浓部达吉就对公共企业的概念进行了界定，但是对日本公共企业的相关研究主要集中在二战后，大体上可以分为三个阶段。

（一）初期（20 世纪 50—60 年代）

日本行政学领域的鼻祖之一蜡山政道（1928）早在二战前就开始重视国策企业和公益企业的公共性职能，提出有必要将该类企业作为"行政视域"中的"特殊领域"。其后，竹中龙雄（1962）、一濑智司（1977）和寺户恭平以及日本公益事业学会等多从组织和人事管理的角度著述有关公共企业的内容。官僚出身的冈部史郎也从行政管理角度对公共企业开展研究。[①] 总体而言,这一时期的研究主要立足于二战后的"公共企业体"以及其他特殊法人的引入,讨论如何维持妥善的管理,以及现行制度中的管理问题。如果从行政学视域下的"制度、管理和政策"三个层面进行归纳,二战后初期日本公共企业的研究主要集中于"管理"层面。除了行政管理学作为主流对公共企业进行研究之外,经济学和法学领域的学者主要集中于对公共企业概念本身进行界定。经济学教授占部都美(1969)认为公共企业是"国家或者地方公共团体所有并支配的具备企业特性的事业体",从而强调了公共企业之公的所有和公的规制,而企业特性应是商事性的体现。[②] 植草益(1983)对公共企业进行了详细阐释,认为公共企业是指由中央政府或地方政府所有并控制的,以一定的价格标准提供公共产品和服务的,以独立结算为经营原则的营业主体。[③] 在法学领域,山田幸男(1957)从功能方面构筑公共企业的概念,即"国家或者地方公共团体以社会公共利益为目的所有并且直接经营的企业"。[④] 此外,大岛国雄(1986)和远山嘉博(1985)也从公共性和商事性视角界定了公共企业的内涵。[⑤]

(二)行政改革时期(20 世纪 80 年代)

20 世纪 80 年代以来,受行政改革浪潮的影响,日本学界以"官民作用的分配"为视角对公共企业展开论证,讨论公共服务的管理主体究竟应当由政府进行行政管理还是应当交由市场(市场竞争)来配置,同时围绕公共企业组织制度本身的问题展开讨论。例如,今村都南雄(1998,1993)和松

[①] 参见竹中龙雄「公益企业サービス論」,『国民経済雑誌』105(5),1962-05,第 3—4 页;一瀬智司、大岛国雄、肥后和夫「公共企業論」,有斐閣 1977 年版,第 2 页。
[②] 参见占部都美「企業形態論」,白桃書房 1969 年版,第 343 页。转引自远山嘉博「公企業とその関連用語の概念」,『追手門経済論集』20(2),1985-12,第 91 页。
[③] 参见植草益「公企業分析序説」,『経済学論集』44(4),1979-01,第 16 页。
[④] 参见山田幸男「公企業法」,有斐閣 1957 年版,第 52—54 页。转引自远山嘉博「公企業とその関連用語の概念」,『追手門経済論集』20(2),1985-12,第 89 页。其实早在 1916 年,日本行政法学者美浓部达吉就对公共企业作出了该定义。
[⑤] 参见大岛国雄「NHKの公共性について」,『青山経営論集』21(3),1986-11,第 37 页;远山嘉博「公企業とその関連用語の概念」,『追手門経済論集』20(2),1985-12,第 92 页。

并润(1994)从官民关系的视角出发,论述了实践中国营企业、公共企业、公益法人、NPO法人等对政府职能起到的补充和替代作用;野口悠纪雄(1995)、西尾腾(2000)选取行政学中的"公共企业行政"部分对劳动关系法律制度进行解说;北泽荣(2001,2002,2005)以"看不见的政府"为视角论述公共企业和公益法人;玉村博巳(1984)和衣笠达夫(2007)针对日本公共企业的形态、种类及其在实践中所发挥的作用等问题对公共企业本身展开研究。① 山本政一(1985)、远山嘉博(1987,1995)和丸尾直美(1983)则对于公共企业的民营化改革及其过程中所产生的问题进行剖析,探讨日本公共企业未来的发展方向和合理的经营形态。② 总结以上文献可以看出,这一时期的研究主要关注公共企业组织的制度层面。20世纪80年代以后的公共企业研究的特征在于,以行政改革为背景,围绕公共企业从制度层面展开讨论。此外,这一时期也有不少学者不直接对公共企业进行研究,而是集中于与公共企业相关联的其他个别政策。例如,经济学者森恒夫(1992)从产业角度论述了公共企业的作用;经营学者村上了太(2001)主要就烟草专卖相关的专卖事业经营史进行了梳理。

(三)遵循"桥本龙太郎行政改革"与"小泉纯一郎结构性改革"之经验时期(2000年以后)

针对"为何选择公共企业形态"一问,兼松学(1962)对国铁进行了研究,武藤正明对于日本银行的重组过程进行研究,此外,以个别特殊法人为题的"社史"(如《○○公团史》《○○银行史》)等出版物相继问世。同时,不少学者就二战前到战时再到二战后初期这一段历史时期对公共企业组织的设立构想和审议过程进行探究,对"营团""公团"和"公社"分别进行研

---

① 参见玉村博巳「現代公企業の形態と統制」,『経営学論集』54,1984-09,第45—55页;衣笠达夫「公企業の種類と役割」,『追手門経済論集』42(2),2007-12,第1—11页。
② 山本政一「公企業改革の問題点」,『経営学論集』55,1985-09,第68—69页;远山嘉博「公企業能率化の要請と経営形態改善の方向」,『追手門経済論集』22(1),1987-09,第175—176页;远山嘉博「日本公企業の民営化とその問題点」(復旦大学中日国際シンポジウム),『追手門経済論集』32,1995-09,第21—22页;丸尾直美「公企業の経営形態——公共性と効率性を両立させるシステム」,冈野行秀、植草益『日本の公企業』,东京大学出版社1983年版,第206—211页。

究。在专门进行制度研究的法学领域,例如,原野翘(2002)从制度层面展开研究,探讨日本公共企业的立法及其存在的问题;①冈田清(2012)集中探讨日本公共企业的制度变迁及在此过程中存在的问题;②远山嘉博(1986,2000)对包括日本在内的资本主义国家的公共企业的历史变迁进行梳理,比较日本公共企业不同于其他国家的特征所在;对于日本公共企业从成立之初到民营化改革后的整个发展过程进行梳理,剖析民营化改革后日本公共企业仍存在的问题。③ 这一时期的研究侧重于探讨公共企业组织的形成及变革过程,从历史的维度考察公共企业的制度变迁,同时对未来公共企业制度设计等问题展开论述。换言之,2000年以后的研究主要是将公共企业制度作为历史性的产物,关注与之相关的外部环境(主要是政治、经济)的问题,探讨个别公共企业组织的设立和重组问题。

二、日本公共企业之概念界说

(一) 何为公共企业?

在日本,有着与国有企业相关联的一系列用语,这当中包括法律上采用过的"国营企业"④"地方公营企业"⑤等用语,也包括在国铁等三家公社民营化之前曾使用过的"公共企业体"⑥,而在大量文献资料中多采用"公共企业"(public enterprise)一语,故本书依此用法。对于公共企业的概念,日本的经济学、法学者有诸多观点,但还未形成一致的见解。二战以来,日本学术界多从公共性视角阐释公共企业的概念,同时强调了与公共性相对应

---

① 参见原野翘「现代国家と公共企业法」,法律文化出版社 2002 年。
② 参见冈田清「公企业制度の变迁と诸问题」,『成城·经济研究』第198号,2012-12,第73—90页。
③ 远山嘉博「资本主义经济における公企业の历史(中)」,『追手门经济论集』21(1),1986-09;远山嘉博「我が国における公益事业の成立·再编成·民营化后(下)」,『追手门经济论集』35(2),2000-09。
④ 参见日本《国营企业劳动关系法》,1948 年颁布。
⑤ 参见日本《地方公营企业法》,1952 年颁布。
⑥ 参见日本《公共企业体等劳动关系法》,1948 年颁布。

的商事性概念,即指为实现收益利润而进行的相对独立且有效率的经营。以公共性视角为主,可将日本公共企业的概念大致分为公共性之狭义说与公共性之广义说,而前者为大多数学者所认同。

（1）公共性之狭义说。狭义说的公共性主要包含公的所有、公的目的和公的规制三方面,早期的经济学教授占部都美即认为公共企业是指"国家或者地方公共团体所有并支配的具备企业特性的事业体",从而强调了公共企业之公的所有和公的规制,而企业特性应是商事性的体现。[①] 植草益(1983)对公共企业进行了详细阐释,认为公共企业是指由中央政府或地方政府所有并控制的,以一定的价格标准提供公共产品和服务的,以独立结算为经营原则的营业主体。[②] 依据植草益的观点,公共企业具有公共性和商事性两方面的基本特性。公共性指的是目的的公共性（提供公共产品和服务、弥补市场失灵）、所有权的公共性（政府所有）和规制的公共性（公共监督）;同时,公共企业也具有普通商事企业的特性,即以独立结算制为主的有效率的经营性。[③] 另外,大岛国雄(1986)也认为有必要从所有权、主体、目的、用益和规制等几个方面来理解公共企业的公共性,而商事性的核心内涵则是指独立结算制和生产性。[④] 在法学领域,山田幸男(1957)从功能方面构筑公共企业的概念,即"国家或者地方公共团体以社会公共利益为目的所有并且直接经营的企业"。[⑤] 远山嘉博(1985)在总结前述观点的基础上进一步深化,认为公共企业不仅包括"国家或者地方公共团体所有并直接经营的事业体,也包括其间接经营的事业体"。[⑥] 从上述观点可以看

[①] 参见占部都美「企業形態論」,白桃書房1969年版,第343页。转引自远山嘉博「公企業とその関連用語の概念」,『追手門経済論集』20(2),1985-12,第91页。

[②] 参见植草益「公企業分析序説」,『経済学論集』44(4),1979-01,第16页。

[③] 参见植草益「日本の公企業概観」,冈野行秀、植草益「日本の公企業」,东京大学出版社1983年版,第3页。

[④] 参见大岛国雄「NHKの公共性について」,『青山経営論集』21(3),1986-11,第37页。

[⑤] 参见山田幸男「公企業法」,有斐阁1957年版,第52—54页。转引自远山嘉博「公企業とその関連用語の概念」,『追手門経済論集』20(2),1985-12,第89页。其实早在1916年,日本行政法学者美浓部达吉就对公共企业作出了该定义。

[⑥] 参见远山嘉博「公企業とその関連用語の概念」,『追手門経済論集』20(2),1985-12,第92页。

出,日本经济学和法学学者都认为公共企业包含公共性与商事性两大基本特征,尽管不同学者对于公共性与商事性内涵的理解不同。

（2）公共性之广义说。此说认为公共企业只需强调企业的公共规制,而不必关乎企业的归属。由于实践中一些公共企业本身与国家（政府）的出资并没有直接联系,故而理论上对公共企业的界定也不应完全等同于现实中的公共企业。例如,作为特殊公司的国际电信电话股份公司,以及二战后成为特殊法人的农林中央金库（1986年后实行民营化、成为私法人）,政府就没有出资。因此,日本学术界有观点认为,公共企业的特征不包含所有权的公共性。[①] 这些公共企业尽管没有政府的出资,但由于其人事任免和经营方针等仍受到政府主管部门的规制,故不同于在人事任免上不受政府规制的私营公益企业。例如,日本国际电信电话股份公司中虽没有政府出资,但关于董事的任免、经营方针、新股发行及外国人持有股份等都须获得内阁总理大臣的认可。[②] 所以,尽管日本的公共企业可以不考虑企业的归属,但毋庸置疑都应当受到政府的规制,公的规制是公共企业的重要特征之一。

（3）立法对公共企业的定义。日本的立法未对公共企业有一个准确而完整的定义。日本历史上的"三公社、五现业"也仅仅规定在《公共企业体等劳动关系法》当中。日本通常为每个公共企业单独立法,对该公共企业设立的主旨、法律形式、经营业务范围、组织机构和规制的范围等作出规定。例如,日本《国有铁路法》、日本《电信电话公社法》,以及民营化改革后的日本《邮政股份公司法》、日本《旅客及货物铁路股份公司法》和日本《电信电话股份公司法》等。由此可以看出,公共企业还具备一定的法定性,公共企业须依据特别法律设立并受到该法律的制约。概言之,日本的公共企业通常是指依据特别法设立,受政府部门规制和监督的、具备一定的经营独立性和独立结算制的企业。由于公共企业主要是由政府兴办的,故而公

[①] 参见松原聪「公企業としての特殊会社」,The bulletin of Research Institute of Civilization 1988(8),第23—24页。

[②] 参见日本《国际电信电话股份公司法》第4条、第11条和第12条。

共企业与国有企业的概念在外延上基本上吻合。① 但是,日本的公共企业毕竟不同于国有企业,国有企业是国家作为所有权主体,而公共企业不仅包括国家所有,也包括地方政府以及地方的公共团体行使所有权的企业。在日本,广义上的公共企业还包含公益性企业,这类企业大多由民间独立经营,因此属于私企业,而非国有企业。②

(二) 日本公共企业之分类

日本学术界多以所有权与经营权分离的程度、企业组织在财政和人事上的独立性为标准,将日本公共企业从非法人到法人的组织形式分为不同的类型,即官营企业(包括现业)、公共企业体(包括公社、公团、公库等)和特殊公司三种形态。③ 本文依多数学者所认同的观点对日本的现有公共企业进行分类(如表 3-1 所示)。

1. 国家一级的公共企业

国家一级的公营企业包括一部分行政机关(各部)经营的事业及独立于行政机关的法人经营的事业。

(1) 官营企业,是指政府部门直接控制的不具有独立法人人格的企业,财务归属于政府预算的控制范围。这类企业由中央和地方政府直接经营管理,事实上属于政府行政组织的一部分(如政府的部、局等)。日本所谓的"五现业",即邮政、造币、印刷(只限于印制银行券、纸币、邮票等)、国有林野(即国有林地和荒野)和酒类专卖,就属于官营企业。

(2) 公共企业体,是指由中央政府或地方政府出资并依据特别法而设立和经营的独立结算的公共企业。这类企业具备独立的法人人格,不受政府部门的直接控制。公共企业体具体可以分为公社、公团、事业团、公库、金库、特殊银行、营团等类型。其中,最典型的可谓日本于二战后形成的

---

① 参见史际春:《国有企业法论》,中国人民大学出版社 2003 年版,第 15 页。
② 参见一濑智司、大岛国雄、肥后和夫「公共企業論」,有斐阁 1977 年版,第 2 页。
③ 参见诸如远山嘉博「公企業能率化の要請と經營形態改善の方向」,『追手門經濟論集』22(1),1987-09,第 164—165 页;玉村博巳「現代公企業の形態と統制」,『經營學論集』54,1984-09,第 45—55 页。另见前文引用过的冈野行秀、植草益的「日本の公企業」。

"三公社",包括专卖公社(昭和 24 年颁布法案)、日本国有铁道(昭和 24 年颁布法案)和日本电信电话公社(昭和 27 年颁布法案)。实行民营化后,"三公社"改为由国家控股的特殊股份公司,公社作为日本公共企业的一种形式已不复存在。

(3)特殊公司,是指由中央政府和地方政府拥有全部股份的单独出资设立的特殊企业法人,以及由政府和民间共同出资设立的公私混合企业法人。国家层面称之为国有控股公司,地方层面则称其为公私混合企业,即所谓的"第三部门"(the third sector)。在日本,特殊公司的企业形态实际上是日本公共企业在实现完全民营化进程中的过渡形态。① 这一过渡形态有效降低了改革过程中可能出现的混乱,有助于循序渐进地推进日本的民营化改革。

表 3-1　日本公共企业的组织形式

现代企业组织形式	官营企业	公共企业体	特殊公司
国家	政府现业(邮政、造币、印刷、国有林业)	公社、公团、公库、营团、金库、特殊银行、日本传媒	国有控股公司(NTT、JR、JT、日本邮政股份公司)
地方	地方公营企业	地方公共企业体	公私混合企业(第三部门)
出资比例	政府 100%	政府 100%	(100—0) 政府—民营 (0—100)

参见衣笠达夫「公企業の種類と役割」,『追手門経済論集』42(2),2007-12,第 6 页。

2. 地方一级的公共企业

地方一级的公共企业是由都道府县和市町村的一部分行政机关经营的事业实体,及独立于行政机关的独立法人经营的事业实体。前者被称为地方公营企业,后者被称为地方公社和第三种形态(官民混业经营)。

---

① 参见松原聡「公企業としての特殊会社」,The Bulletin of Research Institute of Civilization 1988(8),第 26 页。

(1) 地方公营企业。规定地方公营企业的组织、财务、雇员身份待遇等的《地方公营企业法》，不仅适用于地方公营企业经营的除简易自来水以外的自来水、工业用自来水、轻轨、汽车运输、铁道、电力、煤气事业，还适用于医院，以及全部或部分适用于其他的地方公营企业。

(2) 地方公社。地方公社主要包含狭义和广义两类企业。狭义的地方公社是指依据特别法成立的特别法人；而广义的地方公社则指依据民法或商法通过地方公共团体出资等方式成立的法人在此重点关注狭义的地方公社。

(3) 第三种形态（公私混合企业）。第三种形态指的是依据民法或商法，通过地方政府（或者其他公共团体）与私人（私人出资企业）共同出资、共同经营等方式建立的法人。作为公共企业形态的公私混合企业，严格来说，政府（或者其他公共团体）的出资比例必须达到50%以上。但是，若私人出资较为分散，则政府出资即使只达到25%，也属于公共企业。第三种形态主要涉及地区开发、城市开发、旅游、娱乐、农林水产、工商、社会福利、保健医疗、生活卫生、运输、道路、教育、文化、公害、自然环境保护等多种多样的领域。

公共企业的这三种法律形式，从(1)到(3)企业的经营自主性和逐利性逐渐加强，而受政府的规制性和公共性则相应地由强至弱（如图3-1所示）。就三种企业形式的关系而言，公共企业体的基本特征主要是政企分离，这使其区别于早期的官营企业形态。公共企业体一方面要实现在经营上的独立性和效率性，另一方面要实现企业的公共性职能和目的。然而，公共企业体实际经营的低效率说明了现实与理论的差距。特殊公司是由公共企业体向公司形态的转化，其最大的特征在于，通过实现民间的一部分所有和经营，在政府作为出资者对企业控制的基础上，实现企业经营的自主性和效率性。日本的特殊公司作为日本实现完全民营化的过渡形态，又可分为两种类型。一种是依据特别法设立、由政府出资的特殊法人（例如日本邮政股份公司），有着很强的公共性规制，并须维持公共性；另一种是政府出资的股份公司，其股份会逐步转移至民间，最终形成100%由民间持股的普通股份公司(例如日本铁路股份公司),能够高度发挥企业的商事性。当然,即使是后一种股份公司,也须依照特别法的规定接受政府的监督和管理,以确保公共性职能的实现。

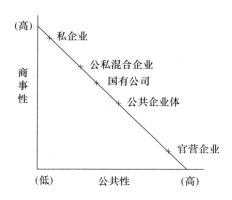

图 3-1　日本公共企业的公共性与商事性之关系
参见远山嘉博「公企業能率化の要請と経営形態改善の方向」,『追手門経済論集』22(1),1987-09。

一濑智司(1977)根据经济活动的不同形态,将日本的企业分为一般行政、公共企业、一般私企业三大类,而广义的公共企业又可以分为狭义的公共企业和公益企业。[①] 正如前文所述,在日本,广义上的公共企业还包含公益性企业,这类企业大多由民间独立经营,因此属于私企业,而非国有企业。其中,公共企业采用的是不同于一般政府机关事业活动的专门会计结算方式。不同于一些国家采用公社或者官营企业的形态发展公益事业,日本的公益企业大多由私人部门经营,故而属于纯粹的私企业。但是,与一般私企业不同的是,日本的公益企业是要受到专门事业法的调整和规制的。在这一点上,日本公益企业等同于官营企业和公社等公共企业。而在反垄断法的适用问题上,与官营企业、公社和特殊公司等公共企业相同,公益企业也不适用反垄断法。(如表 3-2 所示)

---

① 参见一瀬智司、大島国雄、肥后和夫『公共企業論』,有斐閣 1977 年版,第 2 页。转引自松原聡「公企業としての特殊会社」,The Bulletin of Research Institute of Civilization 1988(8),第 22 页。

表 3-2　日本的企业形态

	一般政府活动	官营企业	公社等	特殊公司	公益企业	一般私企业
准据法	○	○	○	○	—	—
事业法	—	○	○	○	○	—
法人格	无	无	特殊法人	特殊法人	民间法人	民间法人
反垄断法	—	△	△	△	△	○

根据设立主体的不同,日本公共企业可以分为中央政府设立的企业(中央公共企业,或称国有企业)和地方政府设立的企业(地方公共企业)。二战结束时,日本的中央公共企业只有 7 个,到 20 世纪 70 年代中期增加到 114 个,后由于受到民营化政策的影响,减少到大约 90 个。①（结合上文有关企业分类的相关内容,具体可参考表 3-3 和表 3-4）

表 3-3　日本公共企业的经营形态(一)

所有制		经营形态			日本的实例	
					国有	地方公有
公企业	国有企业	官营企业	纯粹的官营企业		现业	
			自主化官营企业			地方公营企业
		法人企业	公共企业体形态	固有的公共体	公社、公团、事业团、公库	地方开发公社、地方开发事业团
				公私混合出资的公共体	金库、特殊银行、营团	
			公司形态	公有公司	特殊公司	
				公私混合公司		第三部门
	地方公有企业	与国有企业相同的经营形态				

参见远山嘉博「公企業能率化の要請と経営形態改善の方向」,『追手門経済論集』22(1),1987-9,第 165 页。

---

① 参见植草益:《市场经济与公有企业的作用》,载陈建安编:《日本公有企业的民营化及其问题(复旦大学日本研究中心第五届国际学术研讨会论文集)》,上海财经大学出版社 1996 年版。

表 3-4　日本公共企业的经营形态(二)

公共企业			私企业	
官营企业	公共企业体	特殊公司	公益企业	一般私企业
邮政事业 国有林业 (18事业)	"三公社"(专卖、电信电话、国有铁道) 公团 事业团 金库 特殊银行 公库 营团 日本广播电视协会 日本银行 (44法人)	NTT 日本烟草 国际电信电话公司 JR等 (13家公司)	民营铁路 天然气 电力等	

注：由于日本专卖公社、日本电信电话公社及日本国有铁道的民营化，"三公社"已转为特殊公司形态，不复存在。

(三) 日本公共企业的作用

日本公共企业主要集中于以下领域：(1) 运输、通讯、公共事业(铁路、公交、航空、邮政、电信、电话、广播电视台)；(2) 金融、财政(中央银行、造币、特定政策性金融机构、特定政策性保险机构、以税收为目的的事业等)；(3) 社会资本的建设和管理(港湾、道路、桥、水资源、森林等的建设、开发、运行与管理)；(4) 社会性服务(医疗、卫生、社会保障、公共住宅、教育、研究开发、文化等)。从以上领域可以看出，公共企业主要集中在金融业等非生产领域；物质生产领域较少，且主要集中在交通、电力等少数部门。这是日本公共企业产业结构的突出特点。

相比同时期西欧各主要资本主义国家，日本的公共企业在整个国民经济中的比重较小。二战结束后，日本将原来直接服务于战时经济的大部分公共企业，廉价出售给私人垄断资本，包括大钢铁公司、大电力公司以及一些特殊银行如日本兴业银行、日本劝业银行等在内，都实行了私有化。所以，与西欧国家在二战后迎来公共企业的增长趋势不同，二战后的日本公共企业在国民经济中的比重和作用都要低于战前。日本公共企业主要集中于金融机构、能源和一部分制造业等领域。尽管日本公共企业在国民经济中的比重不大,但是由于它掌握着全国金融、交通、通信以及水电煤气等关键领域的命脉,所以仍然发挥着举足轻重的作用。正如冈田清所言,"总体规模小、调控能量大",是日本公共企业体制的突出特点。

日本公共企业是在二战后适应经济复兴、高速增长、稳定增长的各个阶段要求而设立的。特别是在经济恢复时期和高速增长时期,日本公共企业在经济社会的发展中起到至关重要的作用,尤其是对民营企业起到了导向性的作用。日本公共企业所发挥的作用具体可以归纳为以下几点。

第一,日本资本主义发展初期,日本政府通过设立公共企业后又将企业出售给私人,积极引进了近代产业技术,为日本资本主义的发展奠定了经济基础。在此过程中产生了"财阀",并在日本经济发展中发挥了不可估量的巨大作用。也正因此,有学者称日本早期的资本主义是"国家主导型资本主义"。

第二,在二战后以及后来的经济高速增长时期,日本的公共企业承担了大量的基础设施建设,为国民生活提供了大量的服务。例如,日本中央政府直接经营的邮政公社、国铁公社、电话电报公社,以及由地方政府直接经营的水电、煤气以及原由政府垄断经营的公路公团等公共企业法人,提供了低成本的廉价服务,保证了社会公众的基本生活,促进了国民生活水平的提高。

第三,在经济高速增长时期,日本公共企业中的公库和公团等承担了大量的基础设施建设和公共服务,通过降低产品和服务的成本,在为国民生活提供了大量服务的同时,也为民间企业的生产经营和发展壮大提供了巨大支持,从而充实了社会资本,促进民间企业竞争力的增强,最终迎来了二战后日本国民经济的长期高速增长。

第四,公共企业是政府推行产业政策、加强宏观经济调节的物质手段,它对国家各时期经济战略目标的实现,具有重要作用。日本政府曾有效地推行产业合理化政策和产业结构高度化政策,引导私人企业按照国家选定的产业发展方向,扩大向新的产业部门增加投资。通过一系列助推政策,不仅使企业获得了更丰厚的利润,更带动了日本整体经济的高速和稳定增长。①

三、民营化前的日本公共企业制度

公共企业的发展演变是适应各个国家在不同时代经济、社会的发展需要和政党政治的考虑,充分反映了政府对公共企业的监督和规制作用。以史为镜可以知兴衰。在考察外国公共企业的经验时,不仅要了解其公共企业发展的现状,对其历史的考察也甚是重要。日本的公共企业从成立至今发展的全过程主要经历了三个阶段,从明治政府到二战前的国有化和私有化的相互转化阶段,到二战后的国有向民营的过渡阶段,再到民营化改革阶段。日本的公共企业制度也随历史演变而在不断革新,在实现公共性与商事性的功能与目标中迂回前进。本节主要集中于民营化前日本公共企业在监督治理方面的制度介绍,民营化改革及民营化后的改革法案将在下一节中介绍。

(一)明治政府时期至二战前:国有—私有化—国有化

日本的公共企业制度肇始于明治时期,相比欧美其他国家晚了近一个世纪。② 1868年明治政府成立初期,日本面临着发展资本主义的迫切需要,但是国内民间资本匮乏,又受到国外竞争压力的威胁。在此背景下,日本明治政府确立了"富国强兵""殖产兴业"的基本国策,加快引进和移植欧美的近代工业,迅速建立起一大批具有自然垄断性质和对国民经济影响较大的公共企业(官营企业),先后成立了近代最早的军工、机械、化工、纺织、

---

① 参见白成琦:《论日本国有企业体制的特点与历史作用》,载陈建安编:《日本公有企业的民营化及其问题(复旦大学日本研究中心第五届国际学术研讨会论文集)》,上海财经大学出版社1996年版,第139—141页。
② 参见远山嘉博「資本主義経済における公企業の歴史(中)」,『追手門経済論集』21(1),1986-09,第69页。

矿山等产业以及铁路、邮政和电信等公共事业。① 但是,官营企业受到各方面的限制和制约,并且技术水平较低,国家财政负担较重,而同一时期民间资本又有了较大发展。因此,19 世纪 80 年代后半期,除军需工厂、交通和通信事业以外,日本政府基本将官营企业基本均被日本政府以低价出售给私人资本,由此形成日本财阀的基础。例如,一些大规模的官营工厂和矿山被出售给三菱、三井等资本家,之后日本的财阀迅速形成和发展,并在日本资本主义经济发展中发挥了巨大的作用。② 自此,日本由政府直接设立官营企业的方式转为通过出售国有资本以发展民营企业的方式,从而实现对官营企业的间接保护。

明治政府虽鼓励民间资本的介入,但根本上仍以国有为重,这也是当时日本国家主导型经济策略的需要。以日本铁路为例,明治政府在建设全国铁路网方面的资金并不充裕,而且出于政治方面的考虑,须极力避免依赖外资,故日本政府鼓励民间资本投入铁路建设中。但私铁公司的设立须获得政府的许可,这一点在 1887 年 5 月日本明治政府制定并颁布的《私设铁道条例》中得以明确,规定"铁路以国有为根本,私营铁路须在获得官方许可之日起 25 年后由日本政府收购"。③ 由此看出,当时的明治政府对铁路经营权进行了严格限制。之后日本明治政府面临军事战争的需要,便极力主张将铁路国有化,并于 1906 年颁布了《铁道国有法》,据此将 17 家大型"私铁"收归国有,从而使得"国铁"的营业里程大幅度增加。④ 自此开始,日本国有铁路事业作为日本铁道省之下由政府直接经营的官营企业,在日本陆地运输中占据着举足轻重的地位。

由于战争的准备和军事化需要,日本政府再次大批设立公共企业,从而扩大了国有化。当时这些企业被称为"国策企业",其具体的法律形式包

---

① 参见远山嘉博「我が国における公益事業の成立・再編成・民営化後(上)」,『追手門経済論集』34(2),1999-09,第 2 頁。
② 参见远山嘉博「公企業政策の国際比較」,『公益事業研究』32(3),1981-03,第 86 頁。
③ 参见野田正穂・原田勝正・青木栄一・老川慶喜「日本の鉄道・成立と展開」,日本経済評論社 1986 年版,第 38—40 頁。
④ 参见远山嘉博「我が国における公益事業の成立・再編成・民営化後(中)」,『追手門経済論集』35(1),2000-05,第 11 頁。

括公社、公团、金库、营团等多种形式。国策企业主要是通过引入民间资本，并有国家资本的参与，在政府投资的带动作用下，将私人资本用于殖民地开发和边远地区的开发，以及一些需要振兴的特定产业等具有高风险的领域。在这些公私混合出资的企业中，政府的出资比率一般达到50%左右，而在一些金库和营团等非营利性的机构，政府的出资往往达到了100%。[①]日本政府设立的国策企业，具体包括：(1) 以在中国东北、台湾进行资源开发、建立产业为目的的拓殖系统股份公司（南满洲铁路股份公司等）；(2) 以建立国内产业基础为目的的股份公司（日本制铁股份公司、日本通运股份公司、日本航空股份公司等）；(3) 从事政策性金融活动的金库等（抚恤金库、平民金库、产业组合中央金库中的农林中央金库、工商组合中央金库等）；(4) 在战时从事物资配合、管理、住宅建设、地铁运行的营团（中央粮食营团、住宅营团、帝都高速度交通营团等）。[②]除战争需要的原因以外，20世纪30年代的世界性经济危机也促使国家和政府对自由放任主义进行否定，在经济发展和资源配置中重视政府的作用。

对于作为公共企业第一种形式的官营企业（也称之为"现业"），政府对其监督是最为严格的。这类企业的预算、决算、价格、计划、融资、利润分配等都得由日本国会审议决定，同时还须经大藏省批准。官营企业若想调整所售商品或劳务的价格，必须报经济计划厅备案；官营企业的预算、决算、业务进行情况要受会计检察院和总务行政监察局一类机构的审查。所以，当时的官营企业完全处于政府当局以及日本国会的直接控制下。总结而言，官营企业的优势在于：(1) 作为营业实体进行经营；(2) 以政府部门的信用之有利条件为基础从而便于融资；(3) 税收方面的优惠。官营企业的弱势在于，其经营治理结构存在很大的弊端，具体体现在：(1) 行政部门的传统与保守理念以及官僚体系特征不利于官厅企业作出经营决策，不能实现灵活、高效的经营活动；(2) 政治以及选举方面的压力影响官厅企业的经

---

① 参见远山嘉博「資本主義経済における公企業の歴史（中）」,『追手門経済論集』21(1),1986-09,第72页。

② 参见堀江正弘：《日本公营企业的改革》，载陈建安编：《日本公有企业的民营化及其问题（复旦大学日本研究中心第五届国际学术研讨会论文集）》，上海财经大学出版社1996年版，第19页。

营效率;(3)政府当局负责人、议会议员的频繁更替,难以保持经营上的同一性和政策上的持续性;(4)议会控制下的行政机关不具备一般商事企业经营管理者的经营和管理能力;(5)公务员因受到政府部门行政力量的制约,而无法自主参与企业的经营与管理,对企业的发展缺乏积极性;(6)企业财政属于公共部门(政府)财政的一部分,预算的制约也限制了企业发展的创新性,否定灵活柔软的经营方式。

(二) 二战后:国有转向民营的过渡阶段

日本在二战后设立的公共企业,经历了经济复兴期、高速发展期和稳定发展期的各个时期,是适应社会和经济发展而形成的政策性产物。二战后的公共企业在日本经济中所占的比重及其重要性,都远远低于二战前的公共企业,这是日本公共企业不同于欧洲公共企业的一个主要特征。[①] 究其原因,一方面是日本在战败后受美国管制政策的影响,另一方面是复兴、发展经济和实现经济民主化的需要。日本政府主要针对以自然垄断性质为基础的公共事业进行了整合和重组,使得日本的公共企业数量大幅缩小,并主要集中于公共事业。一大批"国策企业"或解体,或重组由民间资本经营,日本自此开始了民间主导型的经济发展策略。

在此背景下,日本的公共企业立法确立了公共企业体的组织形式,其主要目的是实现公共企业经营与政治的分离,确保企业的经营效率。除此之外,地方公共团体设立了7000多家地方公营企业,大都集中于供水、供电、供气、道路交通、汽车运输和地方铁路等依据日本《地方公营企业法》设定的公用事业。地方公营企业的组织形式多样,包括官营企业、公共企业体及由地方政府和民间共同出资设立的公私混合企业,而公私混合制主要形成于昭和40年代后半期(即1970年后),覆盖了包括交通、医院、观光设施、娱乐、大众传媒和通信等领域。[②]

[①] 参见玉村博巳「現代公企業の形態と統制」,『経営学論集』54,1984-09,第47页。
[②] 参见远山嘉博「我が国における公益事業の成立・再編成・民営化後(下)」,『追手門経済論集』35(2),2000-09,第3页。

以日本国有铁路为例，从 1949 年起国铁由官厅企业转变为公共企业体，并根据 1949 年 6 月颁布的日本《国有铁道法》，设立了公法上的特殊法人——日本国有铁道。这一特殊法人属于公共企业体（或称为公社）这一范畴的法人。当时日本设立公社的主要目的在于，第一，主要是解决战后激化的劳动纠纷，尤其是有关公务员的纠纷，不将国铁的职工与一般行政机关中的公务员等同看待。第二，寻求公共企业公共性与商事性的协调与融合。一方面，根据日本《国有铁道法》的要求，公社受到国会及政府的监督，以确保公社从事经营活动的公共性；另一方面，在公社经营上的财务、会计、人事管理等方面，无须按照一般行政官厅的普通规章制度，且赋予公社从事经营活动的自由性和商事性，便于引进民营企业的经营方法和技能，以达到实现高效经营之目的。另外，作为日本主要公共企业的电信电话产业，于 1952 年 8 月依据日本《电信电话公社法》成立了电信电话公社。该专门法案明确指出，电信电话公社一方面强调提供电信等公共产品的公共性，另一方面也强调在企业经营的财务、会计、人事管理等方面应摆脱一般行政机关的制约而充分有效地发挥经营自主性、提高经营效率。

相对于官营企业，当时的日本公共企业体大都是由日本政府依据专门法律全额出资设立的，习惯称之为"公社"。伴随着这些专门法案的颁布，日本公共企业由官营企业转为公共企业体形态。专门法案强调日本公共企业体与基于日本民法和商法所设立的商事公司不同，它属于公社这一范畴的公法人。[①] 因此，公共企业体与官营企业相同，仍要执行一定的公共性职能，以实现公共福利、国民生活的安定和国民经济的健康发展，同时还要实现政府监管下的有效率的经营。例如，日本《国有铁路法》第 1 条要求："国家根据国有铁路事业特别会计经营铁路事业及其他一切事业，通过有效率地经营以使之发展，以增进公共福利为目的，为此设立给日本国有铁路。"日本《电信电话公社法》第 1 条规定："确立公众电气通信事业合理并且有效率经营的体制，促进公众电气通信设备的配备及其扩展，同时确保电气通信给国民带来便利，以增进公共福利为目的，为此设立日本电信电

---

① 参见日本《国有铁路法》第 2 条。

话公社。"日本《邮政公社法》第 1 条规定:"日本邮政公社作为国营的新型公社,旨在为国民生活的安定向上以及国民经济的健康发展而进行综合性的且有效率的运营。"从日本公共企业体的法案来看,内容主要针对内部机构的设置、高级职员的任命和职责、监督等进行了严格的规定,特别是对于包括营业预算和决算在内的会计方法和公社职员的雇佣、薪酬等劳动问题作了详细的规定。

(1) 预算和决算。日本公共企业体的预算一般列入国家预算,预算必须通过国会的决议,再由部门主管大臣向日本公共企业体通知决议的主旨内容。① 具体程序包括:首先由公共企业体于每个营业年度做预算,就该营业年度的业务计划、营业收支、资金计划、债务偿还以及融资等方面做成收支预算表,并向直接负责的部门主管大臣提交;其次由部门主管大臣会同大藏省大臣进行商议并作必要的调整,之后再经由内阁决定后向国会提交。② 关于决算,公共企业体于每个营业年度做成财产目录、资产负债表、营业损益表和营业报告等各项财务报表,在决算完成后向部门主管大臣提交,并须获得主管大臣的批准。③ 需要说明的是,相比旧的官营邮政事业,2003 年改革后的日本邮政公社的预算无须再通过议会表决。邮政公社于每个营业年度开始前制订的营业年度计划,以及营业年度计划的变更,只需获得总务大臣的批准。

(2) 管理者设置、任命和职责。日本的公共企业体内部一般设置理事会,负责业务的经营和管理,对其认为特别重要的事项进行审议并作出决议。④ 不同于日本国铁公社和邮政公社的是,日本电信电话公社的最高意思决定机关被称为经营委员会。理事会由总裁、副总裁和理事组成。在人事管理上,公共企业体仍保留着国有形式,管理者、监事和职员都属于国家

---

① 参见日本《国有铁路法》第 39 条(10)。
② 参见日本《国有铁路法》第 39 条(2)。
③ 参见日本《国有铁路法》第 40 条。具体参见日本《邮政公社法》第 25 条、第 30 条(1)—(4)。
④ 参见日本《国有铁路法》第 9 条;日本《邮政公社法》第 9 条(3);日本《电信电话公社法》第 12 条。

公务员,带有浓重的行政管理色彩。总裁一般由日本内阁任命,副总裁及理事经部门主管大臣认可、由总裁任命。① 对于邮政公社而言,其理事由总裁直接任命,无须通过主管大臣的认可。总裁代表公共企业体遵循理事会的决定,执行公共企业体的业务。② 日本公共企业体法案还着重规定了管理者的任期和解任、任职资格等内容,因不是本书重点,在此不详细阐述。

(3) 监督。日本的公共企业体一般受到监察委员会(或监事)和部门主管大臣的双重监督。以国有铁路为例,其内部设立监察委员会,对日本国有铁路的业务进行监督,并将监督结果通知总裁。监察委员会委员由3—5人组成,监察委员由运输大臣任命。由委员互选产生委员长,委员长召集和主持会议。当委员会含委员长在内的委员出席人数未过半数时,监察委员会不能通过决议。日本公共企业体内部的监督职能具体包括:监察委员或者监事在认为必要的情况下,可以依据监督结果向总裁或部门主管大臣提出意见。③ 部门主管大臣为了增进公共福利而在认为有必要的情形下,可以对公共企业体施以监督的命令,并可要求监察委员会进行监督并报告监督结果。④ 日本邮政公社的财务报表和事业报告书中关于会计的部分除了要接受监事的监督外,还须受到会计监察人的监督。⑤ 邮政总务大臣能够就有关公社的各项业务及其资产负债情况要求公社做报告,并有权要求对公社的营业所、事务所的业务状况或者账簿、文件及必要的物件进行检查。⑥

(4) 信息公开。日本公共企业体在其提交的财务报表获得部门主管大臣的认可之后必须毫不迟延地公开,并且将其财务报表和营业报告(上面记载有监察委员会或者监事、会计监察人的意见)备置于各营业所以供查阅。⑦ 日本《邮政公社法》还要求总务大臣须对公社在该营业年度的业绩进

---

① 日本《国有铁路法》第19条;日本《邮政公社法》第12条。
② 日本《国有铁路法》第23条;日本《邮政公社法》第11条。
③ 日本《邮政公社法》第11条(4)和(5)。
④ 日本《国有铁路法》第14、52、54条。
⑤ 日本《邮政公社法》第31条。
⑥ 日本《邮政公社法》第58条。
⑦ 参见日本《邮政公社法》第30条(5);日本《国有铁路法》第40条。

行评价,并将评价结果毫不迟延地通知公社并向社会公开。

(5) 职员。日本公共企业体法案在职员问题上的规范有很多,主要偏重于职工的选任、薪酬和劳动保障等方面的问题。公共企业体的职员属于国家公务员,由总裁任命。① 公共企业体设定的管理者和一般职员报酬的给付标准及其变更都须向部门主管大臣提出申请。公共企业体一般职员的工资应当依据其职务的内容和承担的职责并综合考虑其工作效率而给付。

地方公共企业中的公私混合企业主要由相应的政府主管部门进行监督,除此之外政府基本上不对其进行直接监控,国会只拥有对其进行调查的权力。

四、民营化后的日本公共企业制度

(一) 民营化改革的缘由

民营化这一概念应作广义理解,民营化不仅仅是指私有化,后者只是前者的方式之一。日本公共企业的民营化在总体上并非将国有企业转为私人所有,而是对其实行公司制或股份制以及市场化的改革。② 真正的民营化,是伴随着国家从某些经济领域退出干预的职能,同时鼓励民间企业渗入原国有企业垄断经营的领域。③ 20 世纪 80 年代,伴随着自然垄断性的衰退、技术革新的多样化以及适应消费者需求的必要性,公共企业运用市场原理、导入竞争机制以寻求经营的高效率。而此时的日本公共企业因长期低效率的经营,陷入赤字累累的窘境,政府财政不堪重负,社会公众也很不满。据统计,日本国铁公社每年累积债务高达 37.1 兆日元,实际上已

---

① 参见日本《邮政公社法》第 18 条。
② 参见史际春:《国有企业法论》,中国人民大学出版社 2006 年版,第 94 页。
③ 参见金凤德:《日本国有企业体制的若干特征与民营化》,载《现代日本经济》1987 年第 1 期。

处于破产状态。① 对于电信电话公社而言,虽没有像国铁公社一样负债累累,但由于独占经营权,缺乏竞争,而导致经营效率低下。② 总结公共企业效益低下的原因,植草益(2000)认为主要包括几方面的因素:(1)僵化的预算和决算制度;(2)因受规制而使企业的独立自主性受到限制;(3)多头监管且监管责任不明确;(4)监管的政治性;(5)公共企业受保护性;(6)重视安全性;(7)垄断。③ 这其中,导致日本公共企业效益低下的最根本原因,还在于政府的过度控制和干涉。日本政府设立公共企业体的初衷是实现政企分离,以更好地发挥企业自治性,提高企业效率。但由于公共企业体由国家全额出资,仍然受到与早期官营企业相似程度的政府规制,其经营方式、财务预算、人事任免等制度都要受到政府的控制,公共企业体无法保持经营的自主权。与此同时,公共企业体又负有自主经营、自负盈亏的企业责任。由于经营自主权受到严格的限制,经营者自然缺乏责任感,从而削弱了公共企业体的营利性目标,这种产权关系必然造成日本公共企业在经营上的低效率,最终导致经营日益恶化。因此,日本的公共企业体面临着公权力强制与经营自主权的两难选择,无法协调好二者之间的关系。在此背景下,日本开始了公共企业的民营化改革时代。

　　日本总务厅堀江正弘先生联系当时的国际经济形势与日本的财政政策,将公共企业民营化改革的缘由总结为两点。第一,社会经济情况发生了变化。这一时期强烈要求进行行政改革的直接原因,也是最大的原因是,1973年和1979年的石油危机导致日本经济发展迟缓,在此严峻形势下,一些小规模经营的民营企业提出了希望减少政府干预、提高企业经营效率的要求。同时,伴随着二战后产业与经济结构的调整、技术手段的革新、民营企业经营发展的提高、城市化、人口老龄化、国际化等的不断发展,国民生活水平整体提高,价值观念也发生着重要的变化,这些都迫使日本进行必要且彻底的行政改革。第二,财政情况恶化。第一次石油危机之

---

① 参见刘毅:《日本国有企业的股份公司改制》,载《日本研究》2002年第4期。
② 参见石冈克俊「コンメンタールNTT法」,三省堂2011年版,第2页。
③ 参见植草益「公的規制の経済学」,NTT 2000年版。转引自堀雅通「公企業の構造分離改革について」,『作新総合政策研究』6,2006-03,第16—17页。

后,曾实行过抑制总需求的紧缩性财政政策,但为了解决国内严重的经济萧条的困境,在 1975 年之后,日本转而采取积极的财政政策。然而,由于税收增长缓慢以及赤字公债发行的增加,财政形势迅速恶化。为此,重建财政成为当务之急,迫切要求认真修改和减少支出。① 以此为契机,以国铁为代表的公共企业改革成为这次行政及财政改革的主要内容。

日本早在 1962 年就成立了第一届临时行政调查会,开始倡导"行政改革"。所谓行政改革,即重估行政总体状态,改革行政制度运营。日本内阁总理大臣的咨询机构于 1980 年 12 月 5 日颁布《临时行政调查会设立法》,并于 1981 年 3 月 16 日设立了第二届临时行政调查会(以下简称"临调")。该调查会先后于 1981 年、1982 年 2 月和 7 月、1983 年 3 月向政府和国会提出了 4 次咨询报告。这些报告就三公社改革的必要性以及改革的步骤和途径提出了相当详尽的意见,成为后来改革的主要参考依据。日本实行民营化改革遵循立法先行。临调在做调研工作的基础上,形成改革方案。民营化改革中所确立的法案有一部分即吸收了临调的方案。以下分别从日本国有铁路、日本电信电话以及日本邮政等主要公共企业入手,探讨改革的主要内容和改革后的专门立法。

(二) 日本国有铁路

1. 日本国有铁路民营化改革的动因

日本国铁作为公共企业体这一企业形态存在了 38 年的历史。初期,国铁致力于从战败中恢复起来,其后,因应经济界的强烈要求而致力于提高运输能力。由于当时处于运输领域的垄断地位,日本国铁在旅客运输与货物运输方面占到日本国内运输比例的一半以上。然而设立国铁公共企业体的初衷并没有实现,原因在于日本政府仍然希望尽可能地保存官营企

---

① 参见堀江正弘:《日本公营企业的改革》,载陈建安编:《日本公有企业的民营化及其问题(复旦大学日本研究中心第五届国际学术研讨会论文集)》,上海财经大学出版社 1996 年版,第 24—25 页。

业及政府支配控制的本质。国铁所占日本国内的运输比例逐年下降,并逐渐出现经营效益的赤字。日本国铁在1964年开始赤字经营,后来赤字越来越大,到1985年民营化改革前,已累积亏损14.1212万亿日元,是1980年的2倍多,达到营业收入3.0095万亿日元的4.7倍,按民间企业的标准已是破产状态。①

日本国铁经营赤字成为国铁改革的直接动因。此外,推动国铁民营化改革的因素还包括很多方面:(1)政治干涉的压力。在公共企业体形态下,日本国铁在运费、人事、工资等有关经营方面须受到国会及政府的控制,政治的干涉不可避免。而政治力量的干涉致使经营职责不明,妨碍企业作出合理适当的决策,例如,盲目扩大增加建设铁路线导致严重的赤字,运费更改方案易受政治压力而无法自主决定等。(2)不正常的劳资关系。日本设立国铁公社以及制定《公共企业劳动法》的主要目的之一是解决不稳定的劳资关系;然而,由于经营者没有获得充分的自主权,使其除了不能自主决定工资以外,在其他工作条件方面都不会轻易地达成妥协。(3)财政上的制约。公共企业在财务运行方面受到大藏省制约,在资本支出或弥补经常开支方面,亦多依赖政府。这样,经营就无法避开政治上的压力,在开发新的产业、融资、定价标准等方面都受到政府的干预,从而形成墨守成规、传统的、僵硬的经营方式。(4)"唯我独尊"的经营意识。公共企业与私企业的不同之处就在于,私企业如果不努力经营就会面临利润下降甚至破产的风险,而公共企业背后有政府做靠山,完全不存在破产的担忧,这在日本被称为"唯我独尊"的轻松心态。公共企业的经营者因此不具备企业经营的紧迫性,责任意识淡薄。

2. 日本国有铁路民营化改革的主要内容

第二届临调正是在国铁濒临破产的情况下开始的。从1981年3月成立第二届临调开始,直到1987年4月1日实现国铁分割民营为止,长达6

---

① 参见广冈治哉:《日本铁道民营化的经验与教训》,载陈建安编:《日本公有企业的民营化及其问题(复旦大学日本研究中心第五届国际学术研讨会论文集)》,上海财经大学出版社1996年版,第213页。

年之久。早在 1982 年 1 月第二次临调查会以中间报告的形式提出对国铁进行分割、民营化的改革构想时,大部分人是表示反对的,主要涉及国铁作为公共企业体提供服务的公平性、安全性和公共性等问题的顾虑。1983 年,日本总理府设立国铁再建监理委员会,该委员会的意见被纳入临调基本咨询解答报告。1985 年 7 月,该委员会向政府提出题为《关于国铁改革的意见——为了开拓铁道未来》的再建意见(最终解答咨询报告)。针对反对意见者提出的主要问题,临调提出以下解决对策。

第一,地区间的公平性问题。持反对意见者认为,一旦实行民营化,亏损路线将被废除,从而可能产生不同地区间交通运输的公平性问题。针对这一问题,临时行政调查会认为,只有在具有自主性的经营下,尽量发挥国铁的效率性和经营性,才能确保国铁公共性的实现。随着公路、海路和空中交通的逐渐普及,很多线路可以由巴士等交通工具替代,从而确保亏损路线的交通运输。

第二,价格差异问题。持反对意见者认为,为了提高国铁经营的效率,民营化后的铁路公司很有可能提高运费,从而可能产生不同地区使用价格上的差异。临时行政调查会认为,即使在民营化的情况下,公司也必须为全体国民提供价廉而公平的公共服务,至于价格差异问题,应当根据各地区的营业状况与竞争条件的不同而由消费者承担。

第三,宏观公共性问题。针对反对者提出的实行民营化会影响国铁公共性的目标问题,临调提出宏观公共性与微观公共性之间的关系论,指出微观公共性体现为公共服务利用者(或消费者)的公共性,而宏观公共性体现为国家财政负担的减轻。推进民营化改革的重要理由就是可以减轻国家财政的负担。国铁再建监理委员会认为,减轻国家财政负担的最好办法就是对国铁实行分割和民营化。

日本在启动铁路民营化改革时也是立法先行。1986 年日本国会颁布了日本铁路民营改革的基本立法《国有铁道改革法》(以下简称《国铁改革法》),规定了国铁拆分重组以及债务分配和清算的方案。后来又制定了一系列专门法律来具体落实解决企业重组和债务清算问题。日本政府据此向国会提出有关法案,并于 1987 年 4 月 1 日实现了国铁的分割、民营化。《国铁改革法》的要点大致如下:(1) 经营形态方面,原国铁按照业务性质和路段被分割为 7 家股份公司,包括:北海道旅客铁道公司、东日本旅客铁道公司、东海旅客铁道公司、西日本旅客铁道公司、四国旅客铁道公司、九州旅客铁道公司和日本货物铁道公司。国铁不同于其他公社的显著区别在于,国铁被拆分成数个股份公司,而其他公社如电信电话、专卖公社则保持了原有的整体性。(2) 在政府补助方面,为北海道、四国、九州等三岛公司设置经营稳定基金。(3) 在股票上市方面,临调在报告中提出的方案是,根据公司经济核算的程序,采取逐渐公开上市的方式,以谋求民营化,而在改革法中,没规定股票的上市方法和政府拥有股票的义务。关于 JR 7 家公司(旅客公司和货物公司),应逐步出售股票,尽可能早地实现纯粹民间公司化。(4) 在业务范围方面,临调报告允许国铁具有同私铁一样广泛的经营范围。(5) 在继承长期债务方面,日本政府出资组建了国铁清算事业团(JNR Settlement Corporation),除本州 3 家公司继承国铁债务以外,其他全由清算事业团继承。

3. 日本国有铁路民营化改革的效果

日本国铁公社通过民营化改革,由公共企业体形态转化为特殊公司法人形态,改革的主要成效体现在两方面:(1) 经营效益。日本公共企业在民营化前普遍亏损严重,靠国家财政补贴维持,不断加重国家财政负担。改革后的公共企业改变了生产经营方式,促进了劳动生产率的提高。日本国铁民营化改革就在解决赤字问题上取得了一定的成绩。客运方面,1987 年 JR 成立后,客运量呈现急速增长之势。货运方面,民营化改革前日本国铁客运量逐年减少,到 1986 年跌至历史最低点,仅有 199 亿吨公里。而 JR 成立后,货运量显著增加,1991 年度达到 267 亿吨公里。① (2) 服务质量。日本国有铁路民营化改革之前,在列车运行时刻表编排的合理性和对旅客的服务态度方面,旅客的评价都是很低的。民营化改革后,JR 在服务质量

---

① 参见刘迪瑞:《日本国有铁路的公共性和企业性与民营化改革》,载《当代财经》2005 年第 1 期。

上有显著的提高，JR 各旅客公司通过增加列车班次、改善运行时刻表等提高了运输方面的服务质量，工作人员对旅客的态度也有了极大的改善。

（三）日本电信电话事业

1. 电信电话事业民营化改革的动因

二战后，身为日本三公社之一的电信电话公社（以下简称"电电公社"），一直由国家控制，在日本电信领域占据绝对垄断地位。二战前，电电公社由递信省（现在的邮政省）直接经营，二战后递信省分立为邮政省和电信省，并于 1952 年成立了电电公社。20 世纪 80 年代初，伴随着通信卫星及光导纤维等通信技术的革新，电信领域进入大变革时代。美国率先放宽了对电信产业的限制，允许民间经营电信产业，以避免行业垄断问题。

美国这一做法给日本带来了直接影响。在日本，电信技术的革新改变了电信产业的特性，使得原来具有纯粹公共产品和自然垄断性质的电信产业可以分离出部分具有竞争性和非排他性的业务。同时，日本的电电公社本身也存在弊端。因处于电信领域的绝对垄断地位，电电公社在经营方面缺乏积极性，且财政预算受国会的制约而导致企业经营欠缺独立自主性，员工劳动积极性降低，因而出现通信费用过高、服务质量低下等问题。在此背景下，电信领域需要提高经营效率与活力，以期适应未来高度的信息化社会。同时，属于公共服务领域的电信产业，需要通过低廉的价格和提供多元化的服务方式以最大限度地增加国民利益。

1980 年，日本会计检察院在对 1978 年和 1979 年两个年度的电电公社经营的审计中发现了不正当的差旅费和会议费等支出项目，显然，国有资产流失了。基于会计检察院的调查结果，超过 300 名的电电公社职员受到处分。1980 年 12 月 5 日，当时的电电公社总裁秋草笃二宣布辞去总裁一职。第二年，即 1981 年 1 月 5 日，在时任内阁总理大臣铃木善幸的任命下，石川岛重工业股份公司的前社长真藤恒前就任电电公社的第五任总裁,他也是电电公社的最后一任总裁。① 此次事件也成为日本电电公社进行民营化改革的契机。

2. 日本电电公社改革的具体内容

关于电电公社,临调方案主要提出两点改革建议。第一,为了排除垄断,引入竞争原则,以适应其与高度信息化社会相适应的活力,应将经营骨干通信线路部分的中央公司分割为经营地方电话服务等的多个地方公司,并将一部分业务分离。由于受到来自相关执政党议员及主管的邮政省及工会的强烈反对,民营化后形成的日本《电信电话股份公司法》并没有采纳临调方案。专门法案仅仅规定开放通信网络,废止电信电话公社的垄断经营特权,而对于电信电话公司却并未实施分割与分离。这也引发5年后的1990年第二次对NTT经营方式改革的再次论证,以期进一步促进竞争,提高NTT的经营效率。第二,临调方案主张通过新公司自主且自由地出售股份的方式,来最终实现完全的民营化。但是,民营化后的专门法案却主张应在国会同意这一政府统治的形式下出售股份,五年内只能出售二分之一,最后只能出售三分之二,否定了100%的民营化。同时,禁止外国人拥有股份。

1985年4月1日,日本电信电话公社民营化,成立日本电信电话股份公司(NTT)。民营化改革后的专门法案的内容主要包括:(1)NTT以日本《电信电话株式会社法》为基础设立特殊公司,政府拥有发行股份的1/3以上。日本国会通过的关于电电公社的改革法律是确定不分割、国家保有三分之一的股票。(2)除了各年度营业计划的制订和变更须向部门主管大臣提交并获其批准外,日本电信电话股份公司的其余各营业年度的资产负债表、营业损益表和营业报告只需在每个营业年度结束后向部门主管大臣提交,而无须通过其批准。② (3)管理者和监事的选任。除各公司的社长(代表董事、执行董事代表)、监事和监察委员会委员的选任及解任的决议必须要获得部门主管大臣的认可外,其他经营者都由股份公司股东大会自

---

① 参见石冈克俊「コンメンタールNTT法」,三省堂2011年版,第2页。
② 参见日本《电信电话股份公司法》第12条,第13条。

行选任,依据商事公司法的规定履行经营管理的义务。①

3. 电电公社民营化改革的效果

日本电电公社通过民营化改革,在电讯业中引进竞争机制,通过出售股票以增加财政收入,可以说在很多方面都是卓有成效的,充分验证了民营化改革的有效性。

第一,消费需求的多样化与技术革新的现代化,最终打破了电电公社在日本电信领域的垄断地位,逐渐出现相互竞争的电信公司,严峻的竞争形势,促使民营化改革后的NTT不断改变经营环境,以寻求在民营化竞争中获胜。

第二,NTT的经营自主性有所提高。NTT作为特殊法人,在年度营业计划的预算、员工薪酬、投资与财务决策、人事权等方面的自主性均比公社时期有所提高。NTT在民营化两年后,即1986年,设立了49家新公司。新公司建立了绩效工资制度,将薪酬与对企业所作的贡献挂钩,极大地鼓舞了企业职工的工作积极性,职工的劳动意识上升,薪金亦随之提高;企业的服务意识和服务态度也大为改进,采取顾客至上的服务态度。

第三,NTT营业利润有所提高。电电公社通过民营化改革,经营绩效大幅提高,从1987年至1991年间,NTT每年的营业利润超过4000亿日元。② NTT的一部分股票自1986年开始逐步上市。自1987年1月起,日本政府先后4次出售所持股票,出售股票占总股本30%以上。③

第四,电信资费大幅下降,消费者满意度大幅增加。民营化改革取消垄断后,更多新加入的民间企业可以投入电信产业,与NTT在收费和服务上展开竞争,从而促使长途电话费大幅下降,消费者享受到了改革的成果。

尽管NTT的民营化改革使电信产业摆脱了国有制度的部分束缚,但是NTT仍然拥有庞大的电信产业资源,包括市内线路和市内电话的独家经营权。为了进一步促进竞争和提高日本电信产业的国际竞争力,NTT

---

① 参见日本《电信电话股份公司法》第10条。
② 参见王立军:《日本电信事业民营化及其启示》,载《日本研究》1999年第1期。
③ 参见刘毅:《日本国有企业的股份公司改制》,载《日本研究》2002年第4期。

在历经10年的分割争议后最终落下帷幕,于1996年决定,于2000年将NTT分割为三家公司:东区、西区和长途。自此NTT完成分割改革,从一个专营国内通信业务的绝对垄断公共企业,转制成为由控股股份公司和关联子公司构成的国企集团公司。

(四)日本邮政事业

1. 日本邮政事业民营化改革的动因

日本的邮政事业是明治维新后的1871年创办的。邮政事业大致可分为邮寄事业、兑换储蓄(邮政储蓄)事业和简易保险、邮政养老金事业三大块,通过全国各地约2万个邮局统一经营。但是,近年来,邮寄事业受到来自其他通信手段以及民间企业诸如小包裹专递服务等的严峻挑战和竞争。

日本邮政民营化与日本财政投融资制度改革是紧密相连的。在日本财政投融资改革之前,日本邮政事业除了经营书信、包裹等一般邮递业务外,还开展邮政储蓄和简易保险业务,其所吸纳的资金成为政府筹措财政投融资资金的主要渠道。但是,日本邮政系统吸收的资金必须由日本原大藏省资金运用部来运作,邮政系统自身是不能自由运作的。这就影响了资金运用的效率,最终促使日本政府在2001年度实施财政投融资改革。改革结果是把邮政系统资金从财政投融资中分离出来。因此,日本邮政民营化在很大程度上依赖于日本行政管理体制的创新。

1996年,桥本龙太郎组建第二届桥本内阁并向国民承诺进行行政改革。桥本内阁于1997年公布了行政改革会议的《中期报告》,确立了邮政民营化的方向。然而,邮政民营化的改革方案受到日本邮政省、邮政系统工会及特定邮政局局长的强烈反对,改革出现了大幅度的后退。最终作为相互妥协的方案,日本邮政三事业作为一体隶属于邮政事业厅,并于2001年省厅重组时编入务省。直到2003年4月1日,日本才撤销总务省邮政事业厅,正式成立"日本邮政公社"。邮政公社提供的主要邮政服务与原邮政系统相同,包括邮递业务、邮政储蓄业务和简易生命保险业务三种。

日本邮政公社是邮政民营化的过渡形态和准备阶段,邮政公社的成立可以说是日本邮政事业创办以来的一次重大改革。日本邮政公社在监督治理方面的改革主要具有几个特点：第一，邮政公社的年度预算无须通过议会表决，只需获得总务大臣的批准。第二，日本邮政公社作为公共企业体，自负盈亏，但邮政职工仍属于公务员，基本薪酬稳定，且并不与工作绩效挂钩，邮政公社也无自由解聘邮政职工的权利。第三，日本邮政公社引入企业会计原则，其财务报表和事业报告书中关于会计的部分除了要接受监事的监督外，还须受到会计监察人的监督。① 第四，邮政总务大臣能够就有关公社的各项业务及其资产负债情况要求公社做报告，并有权要求对公社的营业所、事务所的业务状况或者账簿、文件及必要的物件进行检查。② 综上，尽管2003年重组后的日本邮政公社引入民营企业的经营方式，实现自负盈亏，但在本质上与传统的邮政局管理下的日本邮政公社并没有根本的区别。"此次改革只是把重点放在改善经营和提高效率上，没有涉及邮政民营化的内容。"③有学者评价认为，2003年的这次改革"只是撕开了旧管理体制的一道裂缝，而未改变旧体制的本质。"④

日本邮政公社成立之后，其三项主要业务均为盈利状态，但是，从2002年开始，邮递收入开始以年均2%—3%的速度递减。2005年3月，全国24678个邮政局中多数处于经营亏损状态。⑤ 营业额逐年减少成为邮政公社民营化改革的根本原因。在此背景下，日本政府再次掀起了邮政事业的改革浪潮。此次日本邮政改革的目的主要包含两方面：一是改善原有日本邮政公社的经营状态，在保证政府提供邮政公共服务的同时，引入民营企业的经营机制，提高经营效率和活力，并逐步实现民营化。二是不再将日本邮政投融资资金作为日本财政投融资资金筹措资金的主要渠道，使邮政资金运作从政府财政体制中分离出来，真正实现自主经营。

---

① 参见日本《邮政公社法》第31条。
② 参见日本《邮政公社法》第58条。
③ 姚海天：《日本邮政民营化分析》，载《日本学刊》2005年第3期。
④ 参见杨栋梁：《釜底抽薪：日本邮政民营化改革的深层动因》，载《现代日本经济》2015年第4期。
⑤ 同上。

2. 日本邮政事业民营化改革的内容

有关邮政民营化的讨论最初是于2004年9月10日经济质询会议及内阁会议上提出的,并于会上正式确立了《邮政民营化的基本方针》。2005年4月,小泉首相通过内阁会议最终确立了关于邮政民营化的六个相关法案,并提交国会审议。该法案将日本邮政民营化改革分为三个阶段:(1)准备阶段——邮政公社(2007年4月以前);(2)转型期——特殊公司,即国家控股公司(2007年4月以后);(3)最终民营化——普通商事股份公司(2017年以后)。

2007年10月,日本邮政公社最终实施了民营化改革,解散日本邮政公社,设立政府控股的日本邮政股份公司。日本邮政股份公司旗下包含邮递事业股份公司、邮政局股份公司和作为金融机构的邮政储蓄银行、邮政保险公司。此时,日本邮政股份公司的股份由政府100%持股。根据邮政民营化的相关立法规定,从2007年至2017年的10年间由政府向民间出售股份,但政府持有的股份必须不少于1/3。而日本邮政股份公司旗下的邮政储蓄银行和邮政保险公司则须在10年内出售100%的股份,实现完全民营化。日本邮政民营化的最终形态是:日本政府持有邮政股份公司1/3以上的股份,邮政股份公司作为控股公司仍然100%持有邮政局股份公司和邮递事业股份公司的股份,而邮政储蓄银行和邮政保险公司两家公司将实现完全的民营化。根据日本邮政民营化的改革内容,日本邮政民营化后涉及的相关专门法案主要包括六部分,分别是《邮政民营化法案》《日本邮政股份公司法案》《邮政局股份公司法案》《邮递事业股份公司法案》《独立行政法人邮政储蓄及简易生命保险管理机构法案》《邮政民营化法案实施过程中关于相关法律制定的法案》。(如图3-2所示)

3. 日本邮政民营化改革的效果

日本邮政民营化在提高经营效率的同时,在公共服务质量上却有所下降,这成为日本邮政事业一直存在争议的主要缘由。(1)低收入者和边远地区的邮政服务受到影响。日本邮政民营化追求效率化,导致边远地区的邮政服务由于利润的减少可能会被取消。(2)在日本邮政民营化改革后,

第三章 日本公共企业监督治理制度考察与评析　147

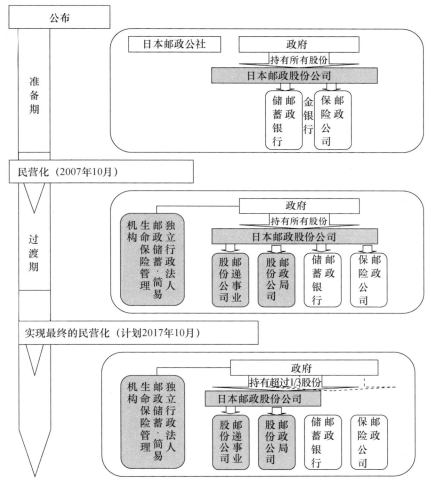

图 3-2　日本邮政民营化的过程

资料来源：日本内阁官房邮政民营化筹备组：《民营化的过程》，http://www.yu-seimineika.go.jp/houan/050926_pdf/sankou/sankou_03.pdf，2016 年 5 月 2 日访问。

邮政储蓄和邮政保险等吸纳的巨大资金都将进入市场自主运作，这虽然有助于增加经济活力，提高经济效率，但同时也必然对现有的民间资金产生压制作用，抢占或者侵蚀民间企业的现有市场。①（3）邮政民营化后，为了

---

①　参见姚海天：《日本邮政民营化分析》，载《日本学刊》2005 年第 3 期。

提高效率，将会裁减部分邮政公社职工，使得日本将面临再就业而引发的社会问题。

2009年，民主党在赢得大选实现政权交替后，积极致力于推翻日本邮政民营化。2009年10月，日本内阁会议确定了邮政改革的基本方针。2009年12月，在国会的参议院全体会议上，冻结邮政股份出售法案获得通过。2010年4月30日，日本内阁会议确定了邮政改革相关三个法案并提交于众议院。三个法案分别是：《邮政改革法案》、《日本邮政股份公司法案》和《关于伴随邮政改革法及日本邮政股份公司法的施行而对相关法律予以完善的法案》。2011年，出于日本福岛地震灾后重建的需要，日本又进一步修订了民营化改革法案，以确保东日本大地震的复兴财源。2012年10月，日本邮政股份公司旗下的邮政局股份公司与邮递事业股份公司合并，成立日本邮便。改革法案的核心内容主要包括：(1)日本政府持有邮政股份公司1/3以上的股份，其余部分尽早在市场出售或让渡给第三方；(2)日本邮政股份公司旗下的邮政储蓄银行和邮政保险公司必须尽早出售其全部股份，但没有明确该两家公司的上市期限。2015年11月4日，日本邮政股份公司及旗下的邮政储蓄银行、邮政保险公司在东京证券交易所主板同时上市，这是日本近30年来最大的国营转民营资产。日本预期实现邮政完全民营化的时间（2017年10月）已经到来，但是日本邮政完全民营化的愿望并没有如期实现。由于日本经历了从2007年邮政公社民营化改革以来10年间的反复不断的博弈过程，日本最终究竟能否实现邮政完全民营化仍将拭目以待。日本最终能否如期实现邮政民营化仍将拭目以待。

此外，日本烟草和食盐的专卖公社也分别实行了民营化。除三家公社以外，自1975年开始，日本航空股份公司、冲绳电力股份公司、日本汽车联合股份公司、东北开发股份公司也分别进行了彻底的民营化改革。政府将所持有的这些公司的股票全部售出，改组为纯粹的民营企业，并废除成立时所依据的特别法，改组成依据商法成立的纯粹商事股份公司。例如，日本国会于1987年8—9月通过废除了日本《航空事业法》，对原日本航空公司实行完全民营化的法案,同年 11 月 18 日起正式实行了完全民营化。至此,时经数年的民营化浪潮在日本大体告一段落。

(五) 日本主要公共企业民营化后的监督治理立法比较

日本公共企业的民营化改革离不开制度变迁和制度创新。立法先行是日本公共企业改革的前提和保障。日本在民营化改革中针对不同的公共企业分别制定和颁布了改革法案[①],在民营化后针对设立的特殊公司,又颁布了专门法案。专门法案是为具体落实改革法案的要求而制定的,故在某种程度上可以看作改革法案的延续。特殊公司除个别事项适用日本《公司法》的一般性规范外,其他均适用专门法案的规定。以日本铁路为例,JR各个公司主要受日本《旅客及货物铁路股份公司法》和《铁路事业法》等专门法案的双重规制。同样,改制后的各个邮政股份公司受《邮政股份公司法》和《邮政事业法》等有关邮政事业的特殊公司法的调整。

民营化后的公共企业在受到一定程度监管的同时,被赋予充分的自治性。相比民营化前的公共企业体,立法对各特殊股份公司的自治性有着显著不同的规定。特殊公司仍要受到专门法案的严格限制,但是通过民营化的改革,特殊公司在许多规制上得到了缓和。具体而言:(1) 管理者和监事的选任。除各公司的社长(代表董事、执行董事代表)、监事和监察委员会委员的选任及解任的决议必须要获得部门主管大臣的认可外,其他经营者都由股份公司依据公司法的规定履行经营管理的义务,由股东大会自行选任经营者。[②] (2) 特殊公司除了各年度营业计划的制订和变更须向部门主管大臣提交并获其批准外,其余各营业年度的资产负债表、营业损益表和营业报告只需在每个营业年度结束后向部门主管大臣提交,而无须通过其

---

① 例如,1986 年日本国会颁布日本《国有铁路改革法》,主要针对国铁的结构改革、重组方式以及债务分配和清算等问题作出了规定。

② 参见日本《旅客及货物铁路股份公司法》第 6 条;日本《电信电话股份公司法》第 10 条;日本《邮政股份公司法》第 9 条。

批准。① （3）日本的特殊公司可参照《公司法》设立经营委员会，负责公司业务的经营和管理，其职能与普通商事公司的董事会类似。委员会包括提名委员会、审计委员会和薪酬委员会，委员会过半数为外部董事。②

尽管民营化后的专门法案促进了日本公共企业在实现企业自治性方面的作用和功能，公共企业在民营化后都改制为股份公司，但是均依据特别法设立，所以仍然属于特殊法人的范畴。特殊的使命使其区别于其他普通商事公司，所以日本的专门法案对于特殊公司的监管也有着较为严格的规定，以保证其公共性职能的发挥。这些立法规范对于公共性目的的保障主要体现在立法主旨、股权结构、内部监督、信息公开和企业社会责任等几个方面。（1）特殊公司法的立法目的。日本公共企业体即使改为股份公司形态，法律仍然赋予其一定的公共性义务和责任，要求这些特殊的股份公司必须通过合理经营，向国民提供普遍、安全、便利和稳定的服务，以确保利用者的利益，促进该公共事业的健全发展和增进公共福利。③（2）股权结构。民营化后的特殊公司法一般都要求政府持有一定比例的股份，因为一些业务仍属于公共服务领域。所以，即使民营化了，相当一部分公司仍是国有公司，其股份的相当部分仍由政府持有，不同于纯粹的民营企业。对于 JR 来说，在完成私有化改造后的一段时间内政府仍持有其全部股份；对于邮政股份公司和电信电话股份公司，法律则明确要求政府必须始终持有本公司 1/3 以上的已发行股份。④ 邮政公司依据日本《邮政股份公司法》在民营化改革的基础上成为国有控股公司，成为日本邮递事业股份公司的全资控股公司，负责经营和管理该子公司的业务。（3）监督。特殊公司仍由业务主管大臣依法对其行使监督职权。在部门主管大臣认为有必要时，可以对公司的业务施以监督命令。⑤ 主管大臣在执行法律的过程中认为确

---

① 参见日本《旅客及货物铁路股份公司法》第 7、11 条；日本《邮政股份公司法》第 10、12 条；日本《电信电话股份公司法》第 12、13 条。
② 参见日本《公司法》第 2 条(12)。
③ 参见日本《铁路事业法》第 1 条；日本《电信电话股份公司法》第 1、3 条；日本《邮递事业股份公司法》第 1 条。
④ 参见日本《邮政股份公司法》第 2 条；日本《电信电话股份公司法》第 4 条。
⑤ 参见日本《邮政股份公司法》第 13 条；日本《旅客及货物铁路股份公司法》第 13 条。

有必要时,有权要求该公司提交业务报告,并有权要求对公司的营业所、事务所或者其他工作场所进行检查账簿、文件以及其他物件等活动。① 关于各年度营业计划的制定及其变更、公司章程的修改、剩余金的分配以及其他剩余金的处分(不包括损失处理)、合并、分立以及解散等的决议,未经部门主管大臣的认可不发生法律效力。② 此外,对于公司重要财产的转让或者提供担保也必须经部门主管大臣的认可和批准。③ 在涉及监督董事和管理方面,部门主管大臣须同财务大臣商议以批准年度营业计划、公司章程的修改、剩余金分配、合并分立和解散公司等相关事项。④ (4)信息公开。股份公司化了的日本公共企业须公开信息,以接受外部监督。立法强化了政府对特殊公司的监督职能,要求特殊公司承担信息披露义务。以邮政股份公司为例,该公司需要参照适用《金融商品交易法》第 24 条第 1 项第 1

表 3-5　日本主要的特殊公司相关立法之比较

特殊公司	旅客及货物铁路股份公司	电信电话股份公司	邮政股份公司
设立时间	1987.4.1	1985.4.1	2007.4.1
适用法律	《旅客及货物铁路股份公司法》《铁路事业法》	《电信电话股份公司法》《电信事业法》	《邮政股份公司法》《邮政事业法》
部门主管(大臣)	国土交通大臣	电气通信局	总务大臣
政府持股比率	无要求	1/3 以上	1/3 以上
代表董事和监事选任	须获批准	须获批准	须获批准
营业计划	须获审批	须获审批	须获审批
财务报表	无须批准	无须批准	无须批准

本表依据日本特殊公司相关立法规定由笔者总结。

---

① 参见日本《旅客及货物铁路股份公司法》第 14 条;日本《邮政股份公司法》第 14 条,日本《邮政股份公司法》第 16 条。
② 参见日本《旅客及货物铁路股份公司法》第 7、9 条。
③ 参见日本《旅客及货物铁路股份公司法》第 8 条。
④ 日本《邮政股份公司法》第 16 条;日本《旅客及货物铁路股份公司法》第 15 条;日本《电信电话股份公司法》第 18 条。

号的规定,即有价证券的发行人须根据本法第25条第2项规定,将提供公众阅览的文件复印件中登记的信息按照总务省令规定的方式进行公开。①
(5)企业社会责任。民营化后的特殊公司法还对社会责任有相应的规定。特殊公司的设立和运营还必须考虑到其经营业务在一定地域范围内对经济活动所产生的影响,注意在该地域范围内不得对与该公司经营同种业务的中小企业的活动进行不当的妨碍,或者对其利益进行不当侵害。②

五、日本公共企业制度变迁的评析

回顾日本公共企业的制度发展史,日本的公共企业一开始受到政府的严格规制,在明治维新后的初期阶段迅速发展并承担了重要角色,而后历经国有与私有化的更迭,二战后则顺应西方国家公共企业民营化改革的浪潮,那些在二战后设立并长期存在的公共企业体形态之后也经历了重大变革。然而日本公共企业的历史沿革与其他先进的市场经济国家的并不同,而有其独特的发展路径。本书通过对日本公共企业制度的发展过程进行梳理,特别是对民营化前后的制度规范进行全面的剖析与比较,从而对日本公共企业制度在协调公共性与商事性、公共强制与企业自治之间的关系进行评述与反思。

(一)日本公共企业制度之目标:公共性与商事性的融合

日本公共企业的改革实际上分为"内在性改革"和"超越性改革"。前者又可以分为两个阶段,包括(1)最古老的公共企业形态,即官厅企业向公共企业体的经营形态的变更,和(2)公共企业体内部的自主性改革;后者则特指公共企业的民营化,是从实质上实现公共企业的经营自主性和独立性。民营化之前的"体内改革——由官厅企业转向公共企业体",初衷是要增强企业经营的自主性以改善提高企业的经营效益。然而,"从官厅企业

---

① 参见日本《邮政股份公司法》第16条;日本《旅客及货物铁路股份公司法》第14条。
② 参见日本《旅客及货物铁路股份公司法》第10条。

形态转变为公共企业形态之后,若像当初所期望的那样提高了企业经营的自主性,充分发挥了公共企业的商事性职能,那就不会发生什么问题。但是,正如后来的实践所证明的那样,过去那种努力只不过是一种停留在法律形态上的改善,实际上并没有提高经营的自主性。"① 因此,仅仅通过体制内的改革是难以提高企业经营自主性的。

日本的公共企业一般集中于公共服务领域,是介于行政组织和商事企业之间的领域而设立的,一方面如同行政组织一样承担着公共性职能;另一方面,它又与普通商事企业一样,是以获取收益为目的而存在的。日本公共企业的双重性决定其有着更为复杂的一面,面临着必须调和公共性与商事性这一组相互对立的矛盾。② 回顾日本公共企业的历史,公共企业为了实现公共性与商事性目标的平衡而徘徊于二者之间,在不同时期有着不同的侧重点,成立开始时重视商事性,之后从明治政府后期到二战前转为对公共性的重视,二战后特别是20世纪70年代后半期以后逐渐转向对公共性与商事性的融合。

公共企业作为提供普遍而公平的公共性产品与服务的企业,公共性是其首要且最根本的目的。国家和政府设立公共企业的意义在于以公共性来弥补市场失败或不完全的缺陷,对于那些具自然垄断性质以及投资规模较大、投资回收期较长的基础设施和产业,私营企业不愿或无力出资和负担风险的,则由代表公共利益的国家进行投资。③ 国家首先须承担一定的社会经济职能,从事投资经营私人缺乏兴趣或难以从事的基础设施、公用事业,为市场经济的运行和发展创造条件。在以追求最大利润为目的的私有企业为主体的资本主义经济下,日本公共企业通过发挥其公共性,在相当程度上弥补了私有企业的缺陷。日本公共企业研究学者远山嘉博称"公共性是资本主义经济中公共企业成立的第一要素"。④

---

① 远山嘉博:《现代公企业总论》,东洋经济新报社1987年版,第400页。
② 参见刘迪瑞:《政府规制下的日本国有铁路经营》,载《江西社会科学》2009年第12期。
③ 参见植草益「公企业の数・形态・役割」,冈野行秀、植草益「日本の公企业」,东京大学出版社1983年版,第5页。
④ 参见远山嘉博「公企业改革の方向と对策」,「公益事业研究」35(1),1983-09,第32页。

但是,弥补市场缺陷并非日本设立公共企业的唯一目的。"公共企业的设立有着各种各样的目的,它是一国经济发展过程中为适应社会经济的需要、政党政权的政治哲学以及国内的资源分配、社会和经济背景下的政策性产物。"[1]企业毕竟区别于政府部门,通过从事生产经营活动达到获利的目的是企业的本质使然。所以,公共企业也有必要在一定的运行效率下发挥商事性职能,实现经济效益。但由于存在一些制约因素,公共企业难以如私有企业一样发挥"商事性"的作用,与私有企业之间的差距越拉越大,经营状况明显不佳。因此,企业经营的效率性是公共企业得以成立和存续的又一重要要素。

事实上,公共性与商事性二者并非相互对立而不可调和的一对矛盾。在探讨公共企业之公共性与商事性的关系时,日本有学者认为,公共性的内涵会随时间的推移而发生变化的,日本公共企业的公共性含义已由过去的微观公共性(即利用者的公共性,促进消费者利益)发展到宏观公共性(即国民经济公共性,促进国民经济)。[2] 公共企业在发挥商事性、追求商业利益的同时,有可能损害提供公共产品与服务的公共性职能;但是,公共企业如果发生经营恶化和赤字,会导致国民经济负担加重,同样不利于社会整体利益的实现。因此,为了确保社会整体利益的实现,公共性职能必不可少,过分强调企业的商事性,会有损于企业的宏观公共性。同样的,为了确保宏观公共性的实现,商事性职能亦必不可少。就商事性与公共性的关系而言,商事性与公共性并非对立,而是并列与互补的关系。这便意味着,公共企业必须在公共性与商事性之间寻求融合与统一。

就日本的现行立法而言,通常由专门的公司法案而非商事公司法对公共企业进行监管和规制,调整公共企业的设立、运营和监管。公共企业的专门公司法案既不是简单地私有化和商事公司化,让国企脱离公共权力的控制,也不是让公共企业成为纯粹行使公共职能的工具,而忽视对商事利

---

[1] 参见植草益「公企業の数・形態・役割」,冈野行秀、植草益「日本の公企業」,东京大学出版社1983年版,第6页。
[2] 参见远山嘉博「公企業能率化の要請と経営形態改善の方向」,『追手門経済論集』22(1),1987-09,第171—172页。

益的追求。因此,日本的公共企业立法在变迁中逐步体现着对公共性与商事性目标的融合。日本有学者认为,当公共企业完成其历史作用后,就必然面临着撤销、合并或者消亡。① 但也有学者对此并不认同,认为公共企业的存在与否和其所处的社会形态密不可分,是在一定社会意识形态下而必然会存在的产物。② 考察日本的历史,资本主义国家同样需要公共企业,公共企业的产生和发展体现了资本主义经济不断社会化的必然要求。在日本,公共企业的立法制度在一定程度上强化了立法对公共服务性职能的要求。在某种意义上,公共企业的公共性是政府的政策目标,而商事性则是实现该目标的手段。

(二) 日本公共企业制度之变迁路径:促进企业自治,加强公共监督

日本公共企业的制度伴随企业组织形式的变迁而不断革新。日本公共企业的组织形态从最早的官营企业形态,发展到公共企业体形态,再到后来的特殊公司形态。从官营企业到公共企业体,日本希望通过公共企业体制度实现公共企业在经营与政治上的分离,以确保企业的经营效率。然而事实上政府仍然对公共企业过分规制,限制了企业的发展,在一定意义上违背了市场经济规律。通过民营化的改革,日本将公共企业体形式改为特殊公司(包括国家控股等的公私混合制)的组织形式,目的就是弱化政府对公共企业的控制,以实现企业经营的自主性。公共企业组织形式变迁的结果,并不只是单纯的"公"的比重的降低和"私"的比重的增加,而是公与私之间的中间领域呈现出明显扩大的态势,即一种公私混合制形态的存在。正如远山嘉博所说,日本公共企业受到的政府规制形态不同于欧美,而是介于欧洲公的所有型与美国私营企业为主且受到公共规制型之间的

---

① 参见植草益「市場経済と公企業の役割」,(復旦大学中日国際シンポジウム),『追手門経済論集』32,1995-09,第12页。
② 参见远山嘉博「日本公企業の民営化とその問題点」(復旦大学中日国際シンポジウム),『追手門経済論集』32,1995-09,第12页。

形态。①

　　从官营企业到公共企业体再到特殊公司,日本国会和政府对公共企业的规制逐步弱化,企业的自治权限逐步扩大。尤其将日本公共企业体和特殊公司的立法进行比较后可知,日本国会和政府对特殊公司的规制明显减弱,这从改革前后立法条文的数量变化得知。例如,改革后的日本《铁路股份公司法》的条文数明显少于改革前的日本《国有铁路法》。②(1)立法的调整范围。日本公共企业体法案主要针对内部机构的设置、高级职员的任命和职责、监督等作出规定,特别是对于包括事业预算和决算在内的会计方法和公社职员的雇佣、薪酬等劳动问题进行了详细的规定。相反,新的特殊公司法对于这些方面进行了最低限制的规定,而主要参照普通商事公司法的规定,对特殊公司的设立、公司章程、年度计划的制订、公司新股发行、资产转让及提供担保、管理者选任和监督等公司治理的问题进行专门规范。(2)管理者和监事的选任和职责。公共企业体在人事任免方面受到政治与政府机关的很大影响,仍带有浓重的行政管理色彩,企业的自治权是比较有限的。管理者、监事和职员都属于国家公务员。总裁一般由日本内阁任命,代表公社执行日常业务,副总裁及理事经部门主管大臣认可、由总裁任命。而对于特殊公司法而言,除各公司的代表董事、执行董事代表、监事和监察委员会委员的选任及解任之决议须获得业务主管大臣的认可外,其余经营者均依据公司法的规定,由股东大会自行选任决定。这些规定体现了民营化改革后日本公共企业在受到一定程度监管的同时,被赋予充分的自治性。(3)会计及职工。公共企业体的预算及其他经营的基本事项一般都必须得到部门主管大臣的认可,并获得国会的批准。而新的特殊公司则只需向部门主管大臣提交该营业年度的各项财务报表,而无须通过大臣和国会的批准。内容主要集中于经营者及职员以及会计方面,而针对

---

　　① 参见远山嘉博「我が国における公益事業の成立・再編成・民営化後(上)」,『追手門経済論集』34(2),1999-09,第2页。
　　② 参见日本《国有铁路法》64条,日本《电信电话公社法》86条,日本《邮政公社法》73条。相对应的,改革后,日本《旅客及货物铁路股份公司法》21条,日本《电信电话股份公司法》26条,日本《邮政股份公司法》22条。

劳动关系、独立结算制等,特殊公司的立法赋予公司最大限度的放松。须经政府认可的事项,仅限于事业年度的事业计划、代表董事的选任与解任、新股票的发行等。

总体而言,特殊公司等的专门法律大幅度放宽了对公共企业经营的限制,促进了企业自治性。但是,特殊公司均依据特别法设立,仍然属于特殊法人的范畴。特殊的使命使其区别于其他普通商事公司,所以这些特别法对于特殊公司的监管也有着较为严格的规定,以保证其公共性职能的发挥,实现公共性目标。这些新的立法规范主要体现在股权结构、内部监督、信息公开和企业社会责任等几个方面。首先,立法明确要求政府必须始终持有本公司一定数量的已发行股份,通过股权控制公司的经营管理;其次,立法强化了内部监督和信息公开以接受外部监督。不同于普通商事公司,特殊公司在公司设立及经营过程中的重要事项上都须得到部门主管大臣的认可与批准。例如,关于各公司章程的修改、剩余金分配、公司合并、分立及解散等的决议未经业务主管大臣的认可不发生法律效力。最后,立法还强化了政府对特殊公司的监督职能,要求特殊公司承担信息披露义务,以接受外部监督。此外,专门法案还对特殊公司的社会责任有着具体要求。

表 3-6 日本公共企业组织形式的公共强制与企业自治之关系

公共企业组织形式	官营企业	公共企业体	国有控股公司	公私混合企业
所有制形式	公有	公有	公有	混合所有
所有权与经营权分离的程度	部分分离	分离	分离	分离
受政府规制的程度	完全	强	较强	强弱适中
政治介入的程度	非常强	强	较强	较弱
所有者	全体国民	全体国民	股东	股东

参见水谷文俊「公益事業における民間供給と民営化」,『国民経済雑誌』182(3),第62页。

(三) 日本公共企业制度改革的反思

日本民营化的重点是将公共企业体改制为股份公司的形式,将原先公法上的特殊法人改为公私混合制的资本公司,这是日本公共企业民营化的重要实现形式。公共企业的民营化在日本取得了很大的成功,既改善了政府的财政状况,也改善了公共企业的生产绩效,使利益相关者和社会公众均从中受益。改革中,日本国有铁路的民营化成效最为显著。但也有观点认为,民营化后的日本公共企业,没有能够完全践行改革方案的要求,解决好民营化后的失业和剩余人员的安置问题,同时没有实现公共企业在促进消费者和社会公共利益方面的根本目的。[①] 对于民营化后的公共企业制度而言,虽然对提供普遍性的公共性服务职能有一定的要求,但该形态的本质是股份公司,这意味着尽管有政府的出资,但追求利润是企业的重要目标,故在实践中对于一些赤字线路或区域,如果没有国家补贴将无法经营下去。民营化在达成效率化的同时,也带来了税收的增加并必然转嫁给了消费者,从而造成国民的负担。[②]

日本还希望通过民营化的改革,将公共企业体改为特殊公司的组织形式,以进一步弱化政府对公共企业的控制,实现企业的经营自主性,促进经营效率的提高。然而,这种新的特殊公司形态能否真正有效地协调企业自治与公共强制之间的关系,促进经营效率的提高仍存在疑问。正如前文所述,远山嘉博认为,公共企业在由官营企业到公共企业体再到特殊公司演变的过程中,公共性逐渐减弱,而商事性逐渐增强。但是从现实情况来看,作为官营企业的邮政事业却长期保持着营利的状态,也就是说,官营企业却维持着较高的商事性;反之,作为特殊公司的JR,其下所运营的四国、北海道和九州等3个分公司却处于营利性低甚至无法持续经营的状态,也就是说,股份公司制反而无法达到商事性目标。在一些学者看来,股份公司制本身也不必然能够实现高效率的经营和经济收益,公司化了的公共企业

---

① 参见远山嘉博「日本公企業の民営化とその問題点」(復旦大学中日国際シンポジウム),『追手門経済論集』32,1995-09,第21—22頁。
② 参见山本政一「公企業改革の問題点」,『経営学論集』55,1985-09,第68—69頁。

仍然有可能经营效率低下,所以公司制也并非最终的解决方式。① 但也有观点认为,与其牺牲公共性目标而进行的民营化改革,不如以特殊公司法案为基础,通过建立完善的约束和激励机制,强化公共监督,从经营治理结构上真正实现公共企业的效率性。② 后一种观点并非仅仅考虑形式上的企业组织形式的更迭,而是认为从实质上实现经营的独立性和效率性才更为重要。实践中的日本特殊公司法案也正是在引入市场机制、赋予企业充分的经营自主性的同时,仍然发挥着政府一定的干预作用,一是通过持有一定的股份来保证政府对企业的"话语权",二是通过特殊的制度安排从经营治理结构上来加强对公共企业的监管。尽管对这一制度安排在实际运用中能否真正有效地提高经营效率和发挥公共性职能还存疑,但是日本公共企业制度改革的初衷仍是促进企业自治、强化公共监督,该制度只是在较大程度上缓和了政府的干预,而并非根本性地消除政府干预。从经营治理结构上保障公共企业的公开和透明性,进而提高经营效率才是应有之义。

---

① 参见原野翹「現代国家と公共企業法」法律文化出版社 2002 年版,第 308—309 页;远山嘉博「公企業能率化の要請と経営形態改善の方向」,『追手門経済論集』22(1),1987-09,第 175—176 页。
② 参见丸尾直美「公企業の経営形態——公共性と効率性を両立させるシステム」,冈野行秀、植草益『日本の公企業』,东京大学出版社 1983 年版,第 206—211 页。

第四章

我国国有公共企业实现有效监督之推进路径

本章立足于我国国有公共企业监督法律制度的特性和国企改革的实际，在借鉴日本公共企业制度改革成功经验的基础上，探讨健全和完善我国国有公共企业的监督制度。国有企业并非中国的特有现象，世界各国几乎都在不同程度上存在一定数量的国有企业，并在国家社会经济发展中发挥着不可或缺的作用。各国在各自的国有企业改革中也存在许多共性问题，处理好国有企业的相关问题对每个国家的经济发展而言都是至关重要的。因此，研究包括日本在内的国外国有企业改革的经验，对我国的国有企业改革具有重要的启示和借鉴意义。

一、日本公共企业制度变迁对我国国企改革的启示

日本公共企业的发展模式既不曾出现西方欧洲国家在二战后兴起的大规模的国有化高潮，也不像中国这样拥有极为雄厚的国有企业的基础。尽管中日两国的经济及社会制度不同，相互之间不能简单借鉴，但是，公共企业具有超越社会经济制度的一般属性，其存在与发展有共性可循。公共企业无论是现在还是将来，无论在资本主义还是社会主义国家，都有其一定的作用，都具备存在的客观依据和必然性。因此，日本公共企业制度改革的经验与教训值得我国国有企业改革借鉴和关注。

（一）由日本公共企业制度变迁反思我国国有企业法制改革

日本对国家控制的公共企业体进行股份制改革，通过引入民营资本或外资入股的方式，逐步降低国有股的股权份额，最终将国有企业改造成为"特殊公司"形态（股权多元化的公私混合制）。日本通过专门法案对公私混合制的企业形态进行规制，其目的就是要赋予企业充分的自治性，以寻求高效率经营下的经济收益。然而，这种公私混合制形态并非意味着国家对所有权和控制权的丧失，相反，公私混合企业的股份的相当部分仍由政府持有，因其主要涉及公共服务性领域，故不同于纯粹的民营企业。[①] 所以，改革后的日本公共企业立法在一定程度上强化了国家（政府）对公共企业的控制地位，强化了公共服务性职能。可以说，在日本，公共性是公共企业制度的本质属性，更是日本公共企业追求的长远目标。

我国实行的是社会主义制度下的市场经济，党的方针政策对我国国企的制度改革具有很强的导向性作用。回顾经济发展历程，我国国有企业经历了从以国有经济为主体、非公有制经济为有益补充的历史时期，之后历经转换经营机制、实现政企分开，再到实行股份公司制，建立现代企业制度的今天。党的十八届三中全会通过的《中共中央关于全面深化改革若干重大问题的决定》（以下简称《决定》）提出："国有资本、集体资本、非公有资本等交叉持股、相互融合的混合所有制经济是基本经济制度的重要实现形式"，是"新形势下坚持公有制主体地位，增强国有经济活力、控制力、影响力的一个有效途径和必然选择。"[②] 尽管"混合所有制经济"并非新概念，但将其作为"基本经济制度的重要实现形式"的论断，突破了以往对"公有制经济多种实现形式之一"的强调，改变了"公有"和"私有"的固有二分法。实践中，我国国有企业中有相当一部分是国有资本参股控股的，实质上就属于混合所有制经济形式。

我国国企改革的路径一直以来都以寻求商事利益为目标导向，而忽视

---

① 参见日本《邮政股份公司法》第2条；日本《电信电话股份公司法》第4条。
② 《中共中央关于全面深化改革若干重大问题的决定》。

了实现公共利益的重要性。国有企业本应具有不同于一般商事企业的特殊性质和目标,而当今中国的国企改革,却背离了国有企业所应承载的公共性目标与责任,使其趋同于一般性商事企业。这也使得我国国有企业的发展中仍然存在问题与障碍。对国有企业的股份制改造并没有改变官僚体制的弊端,仍存在企业内部经营不透明和低效率、监督有效性缺失等问题。同时,包含股东会、董事会以及监事会的分权结构模式看起来似乎使得我国国有企业的经营治理模式更加合理,然而却并没有在真正意义上使我国国有企业建立起现代科学的企业制度。尤其是我国的国有企业产权主体仍然不够明晰,经营者内部人控制现象严重,企业经营透明度较差,所有权人缺位以及监管上的缺失等,造成国有资产的流失,以及对少数股东和利益相关者利益的损害。这些都促使我们对国有企业的改革路径进行必要的反思。

与日本的情况相比,我们在社会制度、市场环境等方面均有很大的差别,因此不能简单地将两国情况相提并论。但是,日本在改制前由政府完全控制的公共企业体所存在的经营低效率以及监督有效性缺失的问题和弊端与我国国有企业有很大的相似之处。从日本经验来看,公私混合制形态的确立是为了避免政府对企业的过度干预,从而促进国有企业治理结构的完善和经营效率的整体提高,这同我国此次深化国企改革也具有很大的相似性。我国通过混合所有制经济,优化国有企业的股权结构,使政府放权于市场,将国有企业与其他企业一样置身于市场中参与平等竞争,从而有利于提高企业效率,增强企业活力。同时,我国设立国有企业的重要目标之一是促进社会的公平正义,这是混合所有制经济中的公有成分所发挥的基础性作用。强调公共企业的公共服务性,并不是说公共企业不应当营利。[①] 日本学者的研究表明,为了确保宏观公共性的实现,商事性功能亦必不可少。在公共企业的经营治理层面,商事性与公共性本质上是相辅相

[①] 关于"营利性"的解释,既包含追求营利的过程本身,也包含营利的用途。有观点就认为"国有企业所营之利不应当用于私人投资经营或消费的私益目的,而应用于扩大再生产及创造就业,上缴财政用于公共建设和社会保障等目的"。参见史际春:《论营利性》,载《法学家》2013年第3期。

成、互相兼顾的关系。所以,合理的经营范式应当是,我国国有企业更多地承担起提供公共产品和服务的责任,在考虑公共利益的同时,寻求营利。在国有企业的公共性和营利性相互冲突的时候,有必要舍弃营利性,而追求公共企业的公益性目标,以保障市场机制作用的有效性。①

(二)日本立法的启示:完善经营治理结构,强化公共监督

日本公共企业的历史经验证明,仅仅从形式上变更企业组织形式是不够的,从实质上实现经营的独立性和效率性才更为重要。民营化改革后的日本公共企业,以特殊公司法案为基础,以公私混合制形式为依托,在引入市场机制、赋予企业充分的经营自主性的同时,对其监管也有着较为严格的规定。尽管在实践中该制度的有效性仍存在疑问,但日本特殊公司法案设立的初衷是较大程度地缓和政府干预的同时,建立完善的约束和激励机制,强化公共监督,从经营治理结构、利益制衡关系、责任机制上真正实现公共企业的公开和透明,进而提高经营效率。

国有企业的存在价值在于其承载着更为持续而稳定的公共产品与服务的供给义务,以实现全体国民的公共利益,而我国最缺乏的恰恰是与实现公共利益相配套的制度方案。国有企业的特殊性质和目标决定其应当具有不同于普通商事企业的治理机制,避免国有企业过度地向商事公司化的企业治理机制转变。国有公共企业与国有商事企业存在根本的区别,尽管两类公司在公司经营和治理结构方面均适用《公司法》的部分规范,但是前一类公司的经营须考虑社会公众的利益,具有公共性目的,故而不同于完全由公司股东自主决定、公司治理模式遵循股东利益最大化的商事性国有公司。特殊的使命要求国有企业必须具有比普通商事公司更为广泛的公众性,以解决内部人控制的问题,维护最终所有者的权益。《决定》中也提出应"推动国企完善现代企业制度,提高企业效率,增强企业活力"。因此,我国将来的国有企业立法应当以实现公共利益为目标导向,在赋予企业必要的经营自主性的同时,通过特殊的制度安排来加强公权力的监管,

---

① 参见顾功耘、李波:《国企改制:换汤更须换药》,载《上海国资》2001年第8期。

建立有效的监督机制,从经营治理结构上保障公共企业的公开度和透明度,只有这样,才能真正解决公共企业的低效率问题。

完善的监督机制既包括内部监督机构对企业财务与经营者行为的监督,同时也包括社会公众力量从外部对企业信息披露等方面的监督。具体而言涉及以下几个方面:(1)在设定监督的具体目标时,应当首先关注国有公共企业的社会效益和长期发展目标,侧重于实现公共服务目标。在设定监督职能承担者的激励与责任机制时,国有公共企业应当建立双重评价考核标准,要以社会效益为基础,兼顾经济效益,侧重于考核监督职能承担者的长期和综合能力。(2)国有企业应建立有效的营业计划事先审查和批准制度以及经营业绩和财务报表的定期报告制度。国有企业应于每个营业年度制订详细的营业计划,并向国家主管部门提交以接受审查和批准,同时,应当定期向立法机构及政府首脑报告经营状况和经营业绩的完成情况。企业于每个营业年度要向国有资产管理机构提交经审计的营业报告和各项财务报表。(3)国有企业的董事长、董事会委员会委员长、监事会主席等可以由国务院总理任命,或由国务院总理提名、全国人大常委会批准,而其他董事、监事、委员会委员的选任则应由企业依据《公司法》的规定由股东大会自行决定。(4)在进一步强化监事会成员的监督职能的同时,要切实加强各监督机制之间的协同合作,特别是加强外派财务总监与派驻审计部门对特定项目的专项审计监督。应强化对国有公共企业监督职能承担者的责任追究,并以此为基础考虑减轻责任机制,从而鼓励监督职能承担者积极作为。(5)相比普通的商事公司,国有企业应当具有更为广泛的公开性和透明性,因此更有必要建立完善的信息披露机制。企业必须及时准确地公开披露董事会任免、高管薪酬、业绩考核、经营计划、财务报表、审计监督等方面的信息,从而有利于为企业职工和社会公众与舆论监督提供充分的信息,满足社会公众的知情权、完善外部监督。(6)企业社会责任。国有企业应当承担比普通商事企业更为特殊的社会责任。其设立和运营还必须考虑到对其经营的业务在一定地域范围内的经济活动所产生的影响,同时还要考虑在该地域范围内不得对与该公司经营同种业务的中小企业的活动进行不当的妨碍,或者对其利益进行不当侵害。在深化国企改革的背景下,我国唯有明确国有公共企业的功能定位,并以特殊性的制度安排来强化监督,才能真正解决内部人控制问题,维护国有资产保值增值,实现社会公共利益。

二、我国国有公共企业监督治理法律制度之完善

在比较的基础上结合国外的有益经验,对应于前述部分的内容重点,从监督的组织构造、监督激励机制与责任机制等几个方面,针对监事会、外部董事、内部审计、委派财务总监和作为利益相关者的职工民主监督等核心制度,以及对于作为体现政党意志的党组织监督分别探讨,提出相应的完善建议,进而提高我国国有公共企业监督治理的有效性,实现公共企业的公共性价值与功能。

(一)充分发挥党组织的协同监督作用

1. 党组织参与监督的立法依据

国有企业特别是国有公共企业,与中国共产党的领导、社会主义制度建设之间存在着深刻的政治逻辑,因而国企党组织成为中国特色社会主义市场经济条件下现代国有企业的一种制度安排。我国《公司法》早已明确,应当"在公司中,根据中国共产党章程的规定,设立中国共产党的组织,开展党的活动。公司应当为党组织的活动提供必要条件。"[①]《中国共产党章程》第30条规定:"企业、农村、机关、学校、科研院所、街道社区、社会组织、人民解放军连队和其他基层单位,凡是有正式党员三人以上的,都应当成立党的基层组织。"第33条也规定:"国有企业党委(党组)发挥领导作用,把方向、管大局、保落实,依照规定讨论和决定企业重大事项。国有企业和集体企业中党的基层组织,围绕企业生产经营开展工作。"

---

① 参见我国《公司法》第19条。

将政党组织和政党意志与国有企业的治理制度融合起来,将加强政党的领导与完善国有企业治理统一起来,这是我国国有企业治理结构的独特性所在。党的十八届三中全会强调,坚持党对国有企业的领导,是深化国有企业改革必须坚守的政治方向、政治原则,任何时候都不能动摇。《关于深化国有企业改革的指导意见》(以下简称为《指导意见》)进一步强调要求充分发挥国有企业党组织的政治核心作用,明确国有企业党组织在公司法人治理结构中的法定地位,从而进一步将《公司法》第 19 条的原则性规定进一步具体化,为国有企业党组织在公司治理中发挥作用提供了制度保障。习近平同志在国企党建工作会议上也强调,党组织参与国企的公司治理是一项重大的'政治原则'。坚持党对国有企业的领导是重大政治原则,必须一以贯之;建立现代企业制度是国有企业改革的方向,也必须一以贯之。要把加强党的领导和完善公司治理统一起来,建设中国特色现代国有企业制度。这一制度,"特"就特在把党的领导融入公司治理各环节,把企业党组织内嵌到公司治理结构之中,明确和落实党组织在公司法人治理结构中的法定地位。①

根据习近平总书记在全国国有企业党的建设工作会议上的重要讲话精神,国有企业党组织地位和作用得以明确。以此为基础,《中国共产党章程》第 33 条进一步具体和细化了党组织如何围绕国有企业生产经营开展工作,即"保证监督党和国家的方针、政策在本企业的贯彻执行;支持股东会、董事会、监事会和经理(厂长)依法行使职权;全心全意依靠职工群众,支持职工代表大会开展工作;参与企业重大问题的决策;加强党组织的自身建设,领导思想政治工作、精神文明建设和工会、共青团等群团组织。"然而,企业党组织与企业治理结构毕竟是两种不同的制度安排,如何将二者共存于一个企业中,如何形成整合、产生协同作用,亦需要一个不断探索与实践的过程。

2. 党组织的职能定位

国有企业相关立法对于党组织与监事会之间的权限划分没有进行明

---

① 资料来源 http://paper.people.com.cn/rmrbhwb/20160010/12/content.1717920.htm,2016 年 12 月访问。

确规定,究竟哪些事项应当由党组织决定,哪些事项应当由董事会或者监事会来决定,还没有在现有立法中得到很好的解决。这就容易造成各个组织机构之间职权相互摩擦产生冲突,甚至导致企业陷入治理僵局。一些学者认为,国有企业党组织应当定位于服务型党组织,切实以自身的政治优势、组织优势促进企业经济的发展。[①] 国有企业是从事生产经营活动的经济组织,国企党组织是党设立在国有企业中的基层政治组织,不应当成为国有企业的领导者和直接管理与参与者。党组织应当支持企业经营者独立地从事经营决策和管理,绝不应以党组织的名义取代经营者实施企业生产要素的运营与管理。[②] 在国有控股公司中,要保持党组织的政治核心作用,党组织在公司中依《中国共产党章程》办事,保证监督的作用不应发生变化,但党组织发挥作用的形式和途径需要重新调整。党员干部应凭借个人的经营管理能力,通过法定程序进入董事会或监事会;个人在董事会、监事会中的活动受法律制约,并以个人身份承担责任。[③] 学者的上述主张有着促进国企经营独立性的考量,故此对各自的权限作出明确划分,即国企董事会有权作出商业判断和商业决策,监事会对国企经营者行为和财务信息进行"经济性监督",而党组织仅仅是对企业内部的党员干部行使"政治性监督"。

但是,国有公共企业的公共属性决定了其有别于国有商事企业的社会责任目标和公司治理要求,国有公共企业与政党组织之间存在着更为深刻的政治逻辑。同时,由于长期以来我国国有公共企业存在内部经营不透明、国有资产流失、公共利益被吞噬等问题,因而仅仅通过健全和完善公司治理结构仍显不够,还须通过国企党组织建设、发挥党组织在国企监督治理方面的优势与作用,强调其与公司法人治理结构之间的协同发展。正如有学者指出的,"公益性目标往往成为其发展方向的主导,'准政治人'的身

---

① 参见陈世瑞:《国企党建与法人治理结构协同性初探》,载《华东经济管理》2012 年第 1 期。
② 参见周晓庄:《国企党建:探索国家治理体系的企业责任》,载《上海经济研究》2014 年第 2 期。
③ 参见顾功耘、李波:《论国有企业改革的重大转变及其法制方略》,载《法学》1995 年第 10 期。

份如影随形,政治因素的考虑就成为一种需要。"①因此,在国有公共企业中,更有必要发挥党组织的政治核心与企业服务的优势和作用,切实保障和促进企业公共产品与服务的提供,防止国有资产流失,保障国民公共利益的实现。

为了切实保障党组织参与国有企业治理,《指导意见》中强调要坚持和完善"双向进入、交叉任职"制度,即"符合条件的党组织领导班子成员可以通过法定程序进入董事会、监事会、经理层,董事会、监事会、经理层成员中符合条件的党员可以依照有关规定和程序进入党组织领导班子;经理层成员与党组织领导班子成员适度交叉任职;董事长、总经理原则上分设,党组织书记、董事长一般由一人担任。"这一规定的初衷是要加强党对国有企业的领导,便于重大方向、事项上的把握与统筹。在实践中,也有不少国有企业存在"双向进入、交叉任职"的现象,担任重要职位的大多是党组织负责人,比如,很多国有企业中,党委书记和董事长由一人担任,总经理或者监事会主席兼任党委副书记,另设一名专职副书记和纪委书记。但是,由于董事会、监事会和高级管理层成员不都是党委成员,容易造成党委会与企业内部经营层和监督层之间对重大事项意见不一致的情况。② 党组织通过进入董事会和监事会直接参与国有企业的经营、决策与管理,甚至通过"党政联席会议"取代公司董事会行使经营决策权,这在客观上导致党组织权力过于集中,造成企业治理结构的决策执行和监督机制失灵,从而有悖于现代公司治理中权力相制衡的本质原则。正如前文所述,实践中,大部分监事会成员的行政级别低于国有企业主要领导人员,这在一定程度上影响了监事会的独立性。例如,副部级的监事长级别低于部级干部担任的董事长,监事长作为集团纪检组长和党组成员级别低于集团党组书记,其他专职监事更低一级。这样,监事会成员就往往站在党政管理者的角度看问题,造成监事会职能发挥的空洞化。

为了让党组织更好地参与国有公共企业治理,切实保障和促进企业公

---

① 参见胡改蓉:《国有公司董事会法律制度研究》,北京大学出版社2010年版,第69页。
② 参见白江:《公司治理前沿法律问题研究》,法律出版社2015年版,第284页。

共产品与服务的提供,有必要平衡与协调好党组织与国有公共企业治理结构之间的关系,具体而言,可以考虑的完善措施主要包括:(1)应当在立法中明确国有公共企业监事会与党委会的关系,明晰二者的职责,并且披露交叉任职和分工的具体情况,供社会公众进行监督。(2)党组织主要应当监督企业的党员干部、党员的个人政治思想和活动,起到事前把关、事前监督的作用,但不能直接干预企业的经营。在内设监事会成员的选任方面,由于是企业内部监事人选,党组织应当尊重企业独立的用人权;而对于政府外部董事与外派监事,应当以党组织选拔任命的方式决定,党组织应当严格把好人选的资质关,侧重对其在促进社会公众利益方面的工作绩效评价与考核。(3)国有公共企业党组织有必要通过有效发挥政治核心作用,支持董事会、经理和监事会分别发挥决策、执行、监督职能,并将之有机结合起来。做好党委书记、副书记与董事会成员(特别是董事长)和经理成员(特别是总经理)之间的沟通协调,实现党委工作与董事会、监事会工作的有效衔接。(4)在重大决策的决定方面,当党组织发现董事会、监事会成员不作为或者有违法及不正当行为时,应当赋予党组织谏言的权利,运用政党的行为方式提出意见与建议,以敦促其改正,从而提高党组织在企业监督治理中的影响力与凝聚力。(5)根据中共中央办公厅、国务院办公厅颁布的《关于进一步推进国有企业贯彻落实"三重一大"决策制度的意见》,凡属重大决策、重要人事任免、重大项目安排和大额度资金运作(简称"三重一大")事项必须由领导班子集体作出决定的要求,党组织有必要评价决策是否符合党的路线方针政策和国家的法律法规,是否符合国民的公共利益,是否符合科学、民主的决策程序,得出的评价意见有权向董事会提出。

(二)完善职工参与企业监督治理机制,保障民主监督

职工参与监督"可以进一步规避公司的经营风险,在推进公司长期发展的同时保证企业注意尊重和保护利益相关者的利益,促进整个社会的福祉。"[①]为了规范国有公共企业治理结构,有必要加强企业职工的民主管理,

---

① 参见白江:《公司治理前沿法律问题研究》,法律出版社2015年版,第208页。

将职工民主监督机制融入企业治理结构中,形成更加广泛的监督制衡机制,充分保障企业职工在企业中的应有地位。具体可以考虑从以下几个方面进行完善:

(1) 现行立法对职工监事的规定较为笼统,原则性较强。立法有必要专门针对国有公共企业职工监事,规定具体的产生方法、条件、任职资格、任期、罢免条件、权限范围、监督机制等内容。同时,立法有必要具体规定职工监事工作的规范性机制,有助于职工监事在企业生产经营中按程序开展工作。

(2) 法律应明确规定职工监事的监督职能与权限范围,赋予职工监事与股东监事同等的权利和权力。通过设立职工监事定期巡视制度、咨询和议事机构,帮助职工监事做好参与企业重大决策前的咨询、调研和论证工作。同时,在监事会对关乎企业职工利益和社会公众利益的重大事项进行表决时,立法应当赋予职工监事特别的同意权。

(3) 我国国有公共企业专门立法应当对职工监事的专业技能提出明确要求,无论是选举企业的领导人员,还是普通的一线职工,都应保证选举的职工监事具备相应的专业知识,履职的专业知识与能力,掌握有关资本营运、市场营销、财务分析、财务审计等方面的知识。

(4) 要完善职工监事与企业职工的双向交流沟通机制,通过建立职工监事与职工代表定期座谈制度、向职代会述职或报告制度等,使企业职工的利益诉求得到充分有效的表达,通过加强职工监事与职工群众的沟通,接受职工群众的监督。[1] 由此有效协调职工利益与企业整体利益。

(5) 充分发挥职工代表大会的重要功能。要明确和保障职工代表大会在企业治理中的地位,落实好职工代表大会对于企业重大生产经营活动的知情权、建议权以及对企业领导、管理人员的监督权,另外在有关决策涉及企业职工切身利益等重大问题时,要按照法律法规要求,严格规范程序,使职工代表大会充分行使对决策的审议权。此外,还有必要建立合理的薪酬激励与约束机制,这将在后文中详细阐述。

---

[1] 参见丰存斌:《规范国有企业法人治理结构的基本路径》,载《经济问题》2017年第7期。

（三）完善国有公共企业之监事会与董事会监督行权机制

1. 完善外派监事的监督机制

国有资产管理机构向其出资企业派出监事会，为了保持外派监事的独立性、权威性，需要采取相应对策以完善监督机制。

（1）改变立法与实践中一人监督多家国企的监督模式。立法应明确规定 1 名外派监事只能监督 1 家国有企业，如实行"监事会主席常驻制"，从而在组织构造和人员数量上保证事前事中的过程监督和事后监督，保证监督质量，从组织力量上保证当期监督和监督检查的全覆盖。然而，面对量大面广的国有企业，如果实行"一对一"监督模式，亦将受到人员增加和监督成本上升的制约。另外，在对国有企业外派监事的任命过程中，应当对外派监事的能力和资格进行审查，聘任有财务、会计、法律等方面专业知识和工作经验的人担任外派监事。

（2）逐步改善对外派监事的行政化管理模式和工作方法。无论从起源、发展还是其创建的目的和社会基础看，外派监事都具有典型的政府主导型监督制度的特点，即由国务院派出，对国务院负责，代表国家对国有重点大型企业的国有资产保值增值状况实施监督，是对国企进行国家性质监督的一种制度安排。这种行政化的管理模式和工作方法难以适应现代化股份制公司的分权制衡治理模式。因此，有必要进行相应的调整，可以规定国有企业的董事长、董事会委员会委员长、监事会主席等由国务院总理任命，或由国务院总理提名、全国人大常委会批准，而其他董事、监事、委员会委员的选任则应由企业依据《公司法》的规定由股东大会自行决定。

2. 完善内设监事会的监督机制

在发展混合所有制经济的改革背景下，实施改制的国有公共企业都按照《公司法》和《上市公司治理准则》规定设立了监事会。国有公共企业特别是国有独资形式的公司，以及从国有独资公司改制为多元股权的股份制公司，应当严格按照《公司法》规范监事会职能，行使股东的监管职权，重点加强对经营者履职行为和财务的监督。

首先，调整监事会成员结构。对于国有公共企业，应当加重外派监事和独立监事的比重，特别是独立监事的比重（因为外派监事多数情况下是代表大股东——国资委的），以增强监事会人员构成和权力构成的独立性。可借鉴日本股份公司中建立外部监事（独立监事）制度的成功经验，引入外部监事制度。外部监事的比例可以大于二分之一，在人员选配上增强监事会的独立性和专业化；增加监事会中的专职监事比例。同时，应当积极从市场公开招聘具有高级审计师、高级会计师职称或有财务总监等企业高级管理职务经历的专业人士，以提高监事队伍的能力素质。

其次，强化监事会成员的监督职能。我国《公司法》赋予监事会的权限仍然过小。从《公司法》的规定来看，法律虽然赋予监事会对董事会和经理层监督的权力，但并没有规定相应的措施和手段，即使监事会可以对董事、经理损害公司利益的行为请求纠正，也有召集临时股东大会的提议权，但是当有关人员拒不纠正、拒不召开时，法律没有对监事会后续的措施和手段予以规定，从而使监事会对公司经理层和董事会难以构成实质意义上的监督。可参照德国和日本公司立法，赋予监事会成员较为强大的监督职能，使监事会负有全面的监督权限，主要包括调查经营情况和财务状况，出席董事会，制止董事违反法令和公司章程的行为，代表股东提出追究董事责任的诉讼等。监事由于疏忽大意没有尽到职责时，应负连带损害赔偿责任。同时，赋予监事会评价监督权，对董事会决策有效性进行评价监督，对经理和高级管理人员的经营业绩进行监督评价，并向国资委或者股东（大）会报告评价结果，以增加监事会的监督力度。通过立法扩大国有公共企业监事会的实权，使监事会有足够的能力参与监督企业治理，确保监事会的独立性和权威性。

3. 完善外部董事的监督机制

第一，外部董事人选来源、结构有待进一步优化。国有公共企业特别是国有控股的股份公司要进一步调整优化董事会结构，增设外部董事，使其在董事会的配置比例高于内部董事，从而在董事内部形成积极的制衡力量。从目前董事会规范化建设试点的中央企业的实践来看，其聘用的外部董事来源较为单一,主要是国有企业家。市场选聘机制不发达制约了外部董事的业务素质和能力。针对目前外部董事来源单一的情况,有必要扩大外部董事的选派范围。国资委选聘外部董事,可以特别邀请国内外知名专家、学者、企业家,可以从中央企业有关人员中挑选,也可以面向社会公开选聘。逐步建立外部董事人才库制度,向全社会、国内外公开信息,人员自愿申请入库,经审核符合条件的予以入库。国资委可从人才库中选聘外部董事。除了专家和专业人员以外,还可增派公务员身份的国资委机关干部作为董事进入国企董事会。①

第二,也有观点认为,外部董事对企业内部经营情况不甚了解,难以作出有效决策和形成有效监督,因此外部董事不宜担任董事长。但是,董事长兼任党委书记并担任法定代表人容易导致企业大权一人独揽,使企业的分权制衡机制形同虚设。而由外部董事担任董事长、总经理担任法定代表人的组织人事安排有利于实现决策层和执行层的有效分离,从而避免内部人控制。同时,外部董事担任董事长有利于外部董事长集中精力专门组织董事会运作,有利于董事会更好地监督管理经理层,也有利于防止出现有专职董事长干预经理层职权的情况,是董事会试点及规范化工作中的一项重要举措。

第三,引入外部董事后的董事会必须建立更加科学合理的考核机制,以保证客观、科学、有效地对外部董事进行考核,并以此为依据支付薪酬、予以奖惩和任免。由国有资产监督管理部门或者其授权机构对外部董事统一聘任并支付薪酬。有观点认为,由国资委对其聘请的国有企业外部董事支付薪酬对于增加企业的最优期望效用有正面意义。② 国务院国资委选定的外部董事的薪酬,将由国资委确定薪酬标准,由所驻企业支付。从某种意义上说,其人事、行政关系仍在国资委,工资收入按照其公务员职级在国资委机关领取,但其薪酬不宜完全按公务员级别核发,可考虑以公务员

---

① 参见刘长春:《关于国有企业公司法人治理结构中董事会建设的一点设想》,载《江苏商论》2007年第6期。

② 参见孙玥璠、杨有红、张真昊:《国有企业外部董事激励机制对外部董事行为的影响——基于博弈论的理论模型分析》,载《北京工商大学学报》(社会科学版)2011年第4期。

级别为基准线,根据业绩状况实行上下浮动。

4. 完善委派财务总监的监督机制

企业内部治理结构的理论与我国财务总监委派制的行政选择本质上是不兼容的,财务总监制度如何在缺乏相应成熟理论支撑的前提下,探索出合理而有效的监督机制,是值得思考的问题。在深化国企改革的前提下,具体可通过以下方式完善国有公共企业的财务总监制度。

首先,明确财务总监的委派主体与角色定位。应当由国有资产监督管理部门或者授权的国有资产经营公司,代表政府作为国有资本的出资人,向国有公共企业派驻财务总监,以确保企业提供公共产品和服务,实现公共利益目标;在部分国有控股的公共企业中保证有效控制成本计算,兼顾国有资本的保值增值。在国有公共企业中,部分企业可以选择不设董事会。在依法不设董事会的国有公共企业中,可以通过委派熟悉财务或审计业务的外派财务总监来兼任,选择设置审计专门委员会等机构,以强化监事会日常监督功能。[1]

其次,明确财务总监的职权范围。在国有公共企业中,为了强化监督职能,外派财务总监主要对财务进行审计监督,通过严格的成本控制,确保财政投入的合理配置和有效使用,对国有公共企业的一些特定项目实行专项审计监督。正如有学者指出的,有必要适用双重财务制度,既要遵守企业财务会计准则的有关规定,也要遵守公共部门的财务会计准则和公共资金管理的特别规定。[2] 此外,完善国有公共企业监督机制,除了引入与公共产品和服务相关的政府管理部门的专业评价标准与过程监管外,还应包括接受社会公众对企业的评价意见和日常监督等非财务指标。

再次,由于国有公共企业与国有商事企业的功能定位不同,立法应当对委派财务总监的绩效考核标准进行分类,而不能统一采用经济利润指标来衡量财务总监的工作业绩。因此,有必要设立一套与国有公共企业相适

---

[1] 参见罗新宇:《国有企业分类与分类监管》,上海交通大学出版社2014年版,第200页。
[2] 参见蒋大兴:《国企为何需要行政化的治理——一种被忽略的效率性解释》,载《现代法学》2014年第5期。

应的财务总监人员激励考核机制,建立对财务总监的定期考评制度,将其个人奖惩与其工作业绩挂钩。① 应当根据国有企业的公共政策目标实现情况、社会公众的需求实现情况、生产经营财务计划完成情况等指标对财务总监的工作业绩进行考核和评价。

最后,国有公共企业应当通过加强政府和社会审计,提升信息披露透明度,强化公众对企业财务治理的参与和监督,保证企业的国有资产充分地服务于社会公众,满足社会公众的需求。可以考虑由财务总监协会或类似组织委托会计师事务所对财务总监所在企业进行审计,评价财务总监的业绩,并将评价结果通报财务总监的派出机构,派出机构再参考评价结果以及本机构对财务总监各项指标的考核情况,并以此作为外派财务总监进行奖惩和晋升的依据。②

5. 完善内部审计参与监督治理机制

内部审计部门开展的国有企业审计是国有资本监督和国有企业监督治理体系的重要组成部分。在国有企业改革不断深化的前提下,针对前文梳理的我国国有企业内部审计制度存在的问题,应当明晰国有公共企业的战略定位,促进国资监管职能完善,建立以内部审计为核心的综合审计体系来促进国企改革,使国有公共企业真正承担起相应的社会和国家的责任。具体而言可以考虑以下完善措施。

第一,国家审计要从国有企业的功能定位出发,根据不同的企业类型分别确定不同的审计目标和重点。对于国有公共企业,审计的重点是以保障民生、服务社会、提供公共产品和服务、提高公共服务效率和能力为目标,重点审计产品服务质量、营运效率、保障能力和社会评价情况,对于其中的政策性亏损企业(如自来水、供热企业等),要重点考虑成本控制与社会保障能力并重;对一般国有商事企业,审计的关注点则是促进国有资产保值增值和提高企业的市场竞争能力。

---

① 参见林利:《对我国财务总监制度的思考》,载《技术与创新管理》2008年第5期。
② 参见蔡蓓:《关于实行财务总监委派制的思考》,载《中南民族大学学报(人文社会科学版)》2003年S1期。

第二,立法有必要建立内部审计人员的职业准入机制,界定审计人员的专业类别和职业胜任能力,推动审计人员的专业化;充分调动社会力量,将审计机关购买专家及其他机构审计服务的经费单独列入财政预算,解决因国有资产审计监督全覆盖及经常性审计,导致的审计机关人员力量不足或涉猎领域的专业化问题,实现审计的职业化。[1]

第三,增强内部审计的独立性,使内部审计真正发挥监督、评价、控制和服务职能。实践中,一些国有企业的集团公司,由行业主管部门向所属企业派驻审计工作组,负责派驻企业的内部审计工作,这被称为内部审计委派制。具体程序是:由集团公司向下属企业委派内部审计主要负责人,派驻企业工作。内部审计在人事、财务和业务上独立于所驻企业,向下实行垂直管理,向上对派出单位即集团公司负责。[2] 内部审计委派制是我国部分国有企业针对内部审计缺乏独立性的弱点对内部审计制度的一种创新,有利于提高内部审计的独立性和权威性,但也使得企业内部负责人及其他经营管理者可能排斥和防范内部审计,实际工作中阻力加大。有鉴于此,可以考虑借鉴日本国家审计监察机关向国企派驻内部审计人员的经验,内部审计报告直接递交国家审计监察机关,以确保内部审计机构直接向上一级权力机构负责,增强内部审计的独立性和权威性,从而为国有企业内部控制的建立和实施提供强有力的保障。

第四,健全审计监管体系,充分发挥社会审计在国有企业审计监督中的作用,以节省宝贵的国家审计资源。在对某企业开展国家审计的同时,可以将相关社会审计机构对该企业社会审计工作质量的核查,作为审计重点之一,即由国家审计对社会审计的审计质量进行严格核查或再监督,审计机关如发现社会审计组织未能尽责履职将给予严厉惩处,以此促进社会

---

[1] 参见《审计研究》编辑部:《完善国有企业审计监督制度专题研讨会观点摘要》,载《审计研究》2016年第3期。

[2] 参见余菁、王欣、常蕊等:《转型中的中国国有企业制度》,经济管理出版社2014年版,第163—164页。

审计监督环境的健全。①

第五,应当加强政府和社会审计在国有公共企业中的监督职能,强化公众在社会审计中的参与度。企业内部审计部门应积极加强与其他业务部门的沟通,必要时可联合开展审计监督活动,以获取相关信息,提高审计监督效果。例如,中国中煤能源集团有限公司注重发挥审计与纪检监察的协同作用,将审计与效能监察、纪检办案等工作紧密结合,合理利用资源;中国核工业集团公司审计部在经济责任审计工作中积极与国家相关部门和下属单位进行衔接、密切合作,形成监督合力,使经济责任审计工作得以扎实有效地开展。中国海洋石油总公司审计监察部开展内控检查评价工作时,抽调内审部门和借调集团范围内其他相关专业部门人员,组成联合检查组进行审计。②

6. 建立监督机制间的协作关系

在国有公共企业中,应当充分发挥各监督机构的资源,整合监督,建立沟通机制,形成监督合力,确保监督的有效性。目前,国有企业的监督主体较多,自成体系,因侧重点不同,各自为政,没有形成相互沟通、资源共享的机制;监督力量分散,形成不了有效的监督。因此,有必要在国有企业内部建立各种监督资源协商与沟通的机制。③ 立法应尽可能提高企业人事、财务、经营、审计等职能部门参与监督的积极性,形成监督合力和相互制衡作用。

第一,有必要建立监督工作会商机制和信息沟通平台,实现信息共享,加强统筹,减少重复监督,提高监督效率。目前,外部董事与监事会两种监督机制之间也还未能建立起正式而有效的沟通机制。外部董事的信息来源主要依靠董事会提供的正式报告,监事会则主要依靠列席董事会和与公司日常事务的直接接触,两者的信息来源都过于单一,信息质量也难以保

---

① 《审计研究》编辑部:《完善国有企业审计监督制度专题研讨会观点摘要》,载《审计研究》2016年第3期。
② 参见王兵、鲍国明:《国有企业内部审计实践与发展经验》,载《审计研究》2013年第2期。
③ 李南山:《外派监事会的生存瓶颈》,载《董事会》2013年第10期。

障。为此,要建立外部董事与监事会的信息沟通机制,在重大监督活动中扩展两者的信息来源,提高信息质量,发挥工作合力,更好地构筑并完善上市公司的内部监督体系。与此同时,也可以在监事会与企业内部审计部门之间建立信息互通的协同机制,将二者有关财务监督的重点内容有机结合,使审计的成果为监事会所用,有利于减少企业的重复监督,突出监事会的监督重点,提高监督效率。财务检查涉及各个利益相关者,监事会的监督应在更加广泛的治理边界内实施,避免多头监督。同时,还要整合监督资源,将各种形式的监督结合起来,降低监督成本,改善监督效果。

第二,监事会应当发挥与企业纪检监察、外派财务总监等其他监督机制之间的协同合作,共同发挥监督职能。监事会要定期召开各监督主体会议,互通情况,交流动向,对存在的问题形成综合监督报告。监事会向有关方面或部门沟通、反馈后,有权要求企业经营层限时整改,并将整改情况书面向监事会报告,通报各监督主体,形成监督闭环管理。

第三,推行"外派内联"的监督模式,即监事会成员中的主席、专职监事分别由出资人和履行出资人职责的机构委派,但是监事会的机构仍然设在企业内,监事会主席、专职监事到位后,要与企业内部的职工监事共同完成组建监事会的任务。实践中,上海市国资委在积极推进市管国有企业董事会试点建设的同时,按照"外派为主、内外结合,资源统筹、专业互补"的原则,大力推行了"外派内联"的监督模式。其特点是:(1)外派为主,即坚持监事会主席的外派高配以及外派专职监事的严格遴选,确保外派监事在监事会中居于主导地位和发挥主导作用;(2)内外结合,即监事会成员中既有外派监事,又有内部监事;既有委派任命的,又有选举产生的;(3)资源统筹,即监事会的人力资源既有来自市国资系统的,又有来自其他党政机关的;(4)专业互补,即在选配监事会成员过程中,充分考虑监事的知识结构,同时兼顾监事会成员的经济管理、企业管理、财务会计、审计、法律等各方面的专业背景。[①]

[①] 参见罗新宇:《国有企业分类与分类监管》,上海交通大学出版社2014年版,第195—196页。

第四,完善职工民主监督机制的协作性。通过改进国有公共企业监督环境,鼓励职代会、职工监事等积极参与企业监督治理,加强职工民主监督,完善职工监事参与监督经营者的制度,并把监督的结果作为对企业经营者任免奖惩的重要依据。

(四)完善监督职能承担者之考核评价激励机制

国有企业按照现代企业制度的规范性要求设立监事会、外部董事、外派财务总监和内部审计等监督机制,但是这些监督机制实质上发挥监督作用的效果并不理想。究其根本原因,主要还是缺乏一套客观公正的对监督职能承担者的评价与考核机制。因此,完善考评机制是国有公共企业监督制度建设的重要改革任务之一。"无激励即无动力"。激励机制实质上是委托人设计的一套行之有效的考核方法与配套措施,用以引导代理人自觉采取适当的行为,实现委托人效用最大化。[①] 当前国企内部监督有效性缺失的一个的重要原因就是没有建立分类考核评价的激励机制。深化国企改革、建立并完善国有公共企业监督制度,有必要建立分类考核评价的长效激励机制,从而激发国企改革的内生动力与活力,提高监管的针对性和有效性。

1. 建立科学合理的评价考核标准

在国有企业分类改革之前,国有企业具有经济效益和社会效益的双重发展目标,而且往往将经济效益放在首位。在这样的定位下,由于企业公益性的考核缺乏量化标准,国资管理部门对企业的监督内容就主要集中于企业的经营绩效,使得一些本应以社会公众利益最大化为目标的国有公共企业也把实现利润的最大化作为主要努力方向。正如有的学者所说,"国有企业绩效评价手段,仍然停留在一般企业绩效评价手段的复制和模仿上,还没有出现一种有效的绩效评价体系,能够真正满足国有企业内生的'公共性'对其绩效评价的特殊要求。现实中存在的国有企业绩效评价方

---

① 参见黄速建:《国有企业改革和发展:制度安排与现实选择》,经济管理出版社2014年版,第154页。

法习惯以营利性指标为主的评价体系去对这些国有企业进行绩效评价,这与国有企业目标性质是相背离的。"①

在国资国企改革发展过程中,不同类型的企业所承担的任务不同,企业发展基础不同,所处行业及其发展阶段不同,对企业监督的考核标准也应有所不同。立法有必要依据国有资产保值增值及资本收益最大化和可持续发展的要求,并按照企业所处的不同行业、资产经营的不同水平和主营业务的不同等特点,实行科学的分类考核。分类考核是指评价主体运用数理统计和运筹学等方法,采用特定的考核指标体系,按照一定的评价标准和程序对国有企业董事、监事和高级管理人员的业绩作出客观、公正和准确的价值判断过程。②

国有商事企业以主业发展和提升经济效益为重点,侧重于关注与考核经营业绩,而国有公共企业应当以提供公共产品和公共服务为重点,侧重于关注与考核社会效益,履行社会责任,完成社会公共任务。因此,对于国有公共企业而言,在设定监督的具体目标时,应当首先关注企业的社会效益,而不能仍以利润增长率等盈利能力为主要指标来进行考核。否则,这对于那些前期投资基础设施建设而长期亏损的公共企业来说是不公平的,而且也容易诱使经营管理者将目标重心转移到追求商业化利益上,或者利用已经掌握的稀缺公共资源谋取不正当利益,由此势必背离国有公共企业本应承担的社会责任和追求的公共利益目标。对国有公共企业的考核应突出企业的社会功能,强化企业社会效益考核,引导企业注重成本控制,提高服务质量,兼顾社会效益和市场化导向的经济效益。正如有的学者据说,应当侧重于关注企业内在管理水平、长期发展质量、社会影响和职工满意度等指标。③ 国有公共企业相关立法具体可以考虑依据以下几点来建立合理的考核评价标准。

---

① V. V. Ramanadham(Ed). Privatization: A Global Perspective. London; New York: Routledge.(1993). 转引自余菁:《国有企业公司治理问题研究:目标、治理与绩效》,经济管理出版社2009年版,第28页。

② 参见罗新宇:《国有企业分类与分类监管》,上海交通大学出版社2014年版,第211页。

③ 参见孙文博:《中国公用企业治理结构研究》,经济科学出版社2014年版,第151页。

(1) 国有公共企业的首要目标是为公众提供公共产品和服务，而不是追求经济效益和利润最大化。正如有学者指出的，在非竞争性领域的国有公司中，经济效益指标似乎失去了其应有的判断效能。① 因此，监督职能承担者应当以社会公众利益最大化为目标，以满足公众对公共产品、准公共产品以及经济社会可持续发展的需求为导向。公共产品和服务以及准公共产品和服务是不能选择和替代的。因此，能否为社会公众提供数量充足、质量优良的公共产品和服务以及准公共产品和服务，就成为监督职能承担者行使监督职能评价经营者业绩的重要内容，而非以企业的盈利水平为依据。例如，在实践中，对于国有公共企业的社会效益，主要考核企业所承担的城市服务功能，以及对政府指令性、公益性投资（如建设项目、政府交办任务等），按照重大时间节点、质量要求、运行效率考核任务完成情况；对公益性资产运营（如公共交通、水务、燃气、电力等），主要考核城市安全运行保证任务完成程度、运行效率及服务质量提升情况。对部分在特定阶段承担特定工作任务的企业，由国资监管机构另行明确特定指标。②

(2) 在主要考虑社会公众利益的前提下也有必要适当兼顾经济利益。这里的经济利益并是指国有公共企业通过经营活动实现盈利，而是指在满足公众需求的前提下尽可能地降低成本，防止虚增成本，从而尽可能地减少财政压力。因此，监督职能承担者在这方面的监督内容主要是针对企业经营者是否有效地控制了成本水平，以最小的投入获得公众满意的公共产品和准公共产品的产出。③ 国有公共企业提供的公共产品和服务由于难以盈利而往往是私人企业不愿投资进入的领域，因此国有公共企业需要政府补亏机制，但是这容易导致企业忽视成本控制，有的甚至会有意增大运行成本，以谋取企业利益。④ 因此，应该致力于以最小的成本提供更多的社会

---

① 参见胡改蓉：《国有公司董事会法律制度研究》，北京大学出版社2010年版，第66页。
② 参见罗新宇主编：《国有企业分类与分类监管》，上海交通大学出版社2014年版，第232页。
③ 参见高明华、杜雯翠：《国有企业负责人监督体系再解构：分类与分层》，载《改革》2014年第12期。
④ 参见杨卫东：《关于公益类国企改革的思考》，载《学习与实践》2016年第8期。

服务,把运营成本降到最低,将以最小的成本创造最大的社会效益作为国有公共企业经营运作的方向。当然,如果出现合理范围内的亏损,则仍应当由政府财政进行补贴。

(3) 社会公众不仅是国有公共企业的所有者,也是企业产出的最终使用者,因此公众对公共产品和服务的满意度也是一项重要的监督内容。国有公共企业的服务对象是大众百姓,社会公众对公共产品和服务的质量评价最有发言权。例如,对于城市公用基础设施和公共服务(公交、水、电、气)等,评价定价是否合理、服务态度如何等。考核指标应以社会公众满意度(如公众满意度指数、服务质量满意率、消费者投诉率)为核心。

(4) 以长期发展目标为主,兼顾短期利益。要适应不同分类企业的监管要求来确定监督,相应的度也并非恒定不变。国有公共企业一般承担的是民营企业不能或者不愿承担的业务,往往需要在较长时间内付出较大的成本,会影响当期经济效益。因此,在设定监督的具体目标时,应当首先关注企业的长期发展目标,关注企业长远、可持续性的发展。国有公共企业相关立法应当侧重从长远角度对企业监督职能承担者的综合发展能力进行考核,从而促进企业监督职能承担者考虑企业长远发展与实现中短期利益目标的兼顾平衡,避免短期行为,更加注重国有公共企业长远发展的目标实现。

2. 建立科学合理的薪酬激励机制

薪酬激励是激励机制中最为基础的一种激励方式,即根据监督职能承担者为企业所创造的价值和贡献,而给予相应的薪酬。建立科学合理的薪酬激励机制,对深化国有企业改革、调动监督职能承担者的积极性、实现企业国有资产保值增值具有重要的作用。鉴于国有公共企业所承担的特殊功能及定位,其考核薪酬激励制度要以社会效益为基础,兼顾经济效益。与此同时,在国有公共企业的监督职能承担者的薪酬问题上,又要看到企业是创造价值的实体,应当尊重监督职能承担者的监督工作,将其薪酬与工作业绩相挂钩,从而激发监督职能承担者的工作积极性和创新精神。国有公共企业相关立法可以通过对以下几个层面的完善来建立合理的薪酬激励机制。

(1) 明确考核评价主体，积极引入第三方考核评价机制

有必要明确国有公共企业进行激励与约束的主体是企业的出资者，承担监督职能的担当者只是出资人的受托者，代表出资人的利益而行使监督权利与义务，对企业的经营管理者具体实施激励与约束机制。目前，国有资产监督管理机构或者其授权的国有资本运营公司作为出资人和委派机构承担了对外部董事、外派监事和外派财务总监的评价及结果反馈工作，但自己派出的人自己来考核评价，难免存在感情因素和连带责任承担的问题，考核评价的客观性难以保证；且考核评价主体单一，亦容易以偏概全，不利于考核评价的科学性和准确性。①

国有公共企业的经营目标涉及公共利益，所以对监督职能承担者的考核、任免等重要事项不仅关系到企业、股东及职工的合法权益，也关系到社会公众的利益，体现着较强的公共性。鉴于此，有必要引入第三方评价机构，在对国资委外派的监督职能承担者进行充分的沟通和意见听取后，进行专业的考核评价，以提高监督的有效性和透明度。有学者将第三方评价考核机制的作用总结为三个方面：第一，第三方评价机构独立于外派的监督职能承担者，和外派的监督职能承担者之间既无行政隶属关系，又无利益关联，由其来对监督职能承担者的履职情况进行评价可以确保评价过程的公开、公正、独立，不受任何干扰，且评价结果符合客观实际，更具有公正性。第二，第三方评价机构拥有专业的评价人才和评价技术，在评价内容的选择、评价指标的制订、评价数据的处理、评价结果的判断等方面拥有相应的理论基础和专业化工具，可以大大提高评价的科学化水平，且有利于增强评价结果的权威性。第三，第三方评价机构对监督职能承担者履职情况的评价过程公开公正，评价结果权威可信，为监督职能承担者的工作业绩考核评价提供了可靠依据，便于对其实施薪酬奖励、晋升、降职以及任免等激励与约束机制，从而有利于激发监督职能承担者的工作积极性，充分

---

① 参见周评、杨丽伟：《对外部董事评价体系的思考——以上海市国有企业外部董事评价为例》，载《华东经济管理》2012年第9期。

发挥监督职能。第四,第三方评价可以作为国资委评价的有益补充,为政府主管部门(各级国资委和组织部门)决策提供参考。同时,各级国资委和组织部门亦可参考第三方评价机构的评价结果来决定是否继续委派该监督者。①

(2) 明确考核评价的内容

在对国有企业按照功能定位进行分别的基础上,分类设计不同的有针对性的激励与约束机制。有必要建立一套系统的与国有公共企业监督职能承担者的贡献相联系的制度体系。

首先,相比国有商事企业以财务监督(即对经济效益、成本效益、经济利润的考核)为监督的主要标准,国有公共企业应当侧重于对非财务指标的内容进行监督。监督职能承担者应当以监督董事和经营管理层,维护社会公众利益、促进民生发展为目标,对董事和经营管理层的履职情况进行考核。其次,监督职能承担者应当对企业提供公共产品和服务的质量、企业生产运营的进度、安全等情况进行监督,对政府投资资金、企业的运营成本或费用的控制情况进行监督。在企业运营涉及政府购买服务、公共产品或服务的特许经营、政府授权经营,以及PPP(政府与企业长期合作协议)等运作过程是否依法合规时,监督职能承担者应当独立发表监督意见和建议。②再次,立法应赋予监督职能承担者充分的监督权限,明确规定监督职能承担者不仅可以就决策的程序性和制度的合规性发表意见,而且还可以就项目的合理性和效益性发表意见。最后,对于国有公共企业中不设董事会的,监事会要定期查阅企业经营报告,提出书面意见。如果涉及政府财政资金在公共行业和民生领域的使用,监事会每季度要进行资金使用情况的专项检查报告。③

(3) 对于国有公共企业的监督职能承担者的薪酬激励,可考虑采用准公务员制度模式。所谓准公务员制度模式,是指以公务员薪酬制度为基本

---

① 参见罗新宇:《国有企业分类与分类监管》,上海交通大学出版社2014年版,第178—179页。
② 参见周国雄:《提高监事会监督有效性方法》,载《上海国资》2016年第11期。
③ 参见周国雄:《提高监事会监督有效性方法》,载《上海国资》2016年第11期,第20—22页。

样本,根据企业情况适当增加薪酬激励的一种制度设计。① 这种模式并非完全等同于公务员,而是以公务员薪酬为基准线在合理范围内进行上下浮动。② 在实践中,行政职务的升迁或者行政级别的提高,即政治地位的提升,也是薪酬激励的一种体现。由于职级的升迁可以带来更多的现金报酬、预期报酬、职务消费报酬等激励,所以职级的升迁也成为一种激励措施。③ 此外,对于监督工作考核结果为优秀的监督职能承担者,可适当延长任期,但不能无限期一直连任。

(4) 可以采用专项奖励或项目收益提成等薪酬分配模式,对外派监事和监事会主席进行合理的经济性激励,包括提高特殊岗位津贴和退休金的数额等,使外派监事和监事会主席能够尽责地监督公司董事和高级管理人员。具体的激励金额应该由国资委根据监事监督工作的工作量和实际成效等来具体安排和确定。外派监事会主席和外派财务总监在担任一定时期的本职工作后,应该根据国家和个人需要或者向其他企业的董事和高管职位流动,或者向党政机关部门流动。合理的流动和轮换机制对于监事人员有较强的激励作用。

(五) 建立健全监督责任可追溯机制

法律责任是当事人违反法定义务或约定义务时必须承担的不利后果,是一种法律上的惩戒性负担。激励机制应当有相应的约束和责任机制与之相对应,才得以通过法律的威慑力和强制力保障各种法律关系的进行。没有责任的权利必然导致滥用,所以强化监督者的法律责任是一种传统的监督机制。国有公共企业的特殊属性和目标定位决定其不仅应当构建特殊的激励性监督制度,而且须建立相对严格的法律责任追溯机制,强化对监督职能承担者的法律责任追究。对监督职能承担者的法律责任进行规

---

① 参见黄速建:《国有企业改革和发展:制度安排与现实选择》,经济管理出版社 2014 年版,第 157 页。
② 参见杨卫东:《关于公益类国企改革的思考》,载《学习与实践》2016 年第 8 期。
③ 参见黄速建:《国有企业改革和发展:制度安排与现实选择》,经济管理出版社 2014 年版,第 158 页。

定,不仅能够落实事后对违反义务行为的惩罚,更有助于激励监督职能承担者积极主动承担义务、履行职责。国有公共企业的监督职能承担者在违反忠实义务或者勤勉义务、法律法规的规定从而造成国有资产流失、社会公众利益受损害的情况下,如何对其进行处罚,追究其法律责任还未得到很好的解决。在深化国企分类改革的前提下,具体可从以下几个层面完善国有公共企业监督职能承担者的法律责任体系。

1. 建立责任约束机制的科学考核标准

在国企分类改革背景下,需要建立与分类考核激励制度对应的责任约束制度,实行分类监管,遵循责任收益相匹配原则,强化考核意识。根据分类企业的特性,国有商事企业与国有公共企业之间应有所区别,前者侧重经济价值,后者因以弥补市场失灵为目的,提供民营企业不能或不愿提供的公共产品和服务,所以应当主要以社会价值为主,以实现社会公众利益或者保障特定的功能为首要目标,而其效率或利润指标往往要服从于首要目标。因此,在对国有公共企业监督职能承担者的绩效考核评价过程中,不能简单地以经济效益为主要标准,而应更多地考虑其对企业和社会所作出的贡献。

国有资产监督管理机构应当根据企业的功能定位不同,分类设计不同的责任约束考核体系,增强考核的针对性。在国有公共企业中,为了确保公共企业的公共目标,政府往往以行政命令方式任命政府人员进入企业担任监督主体。由于政府人员在公共企业履行的是公共职能,因此不应当在公共企业获取薪酬,而是应按照准公务员待遇标准从政府财政中领取薪酬。对应于薪酬激励机制,政府在对监督职能承担者的责任约束机制方面,也往往通过降职、罢免等行政处分的方式使其承担行政责任。为了更加客观、全面地考核评价国有公共企业监督职能承担者的工作业绩,应当在信息公开的前提下,以公众满意度、有效成本控制、稀缺资源过度开发程度、生态和环境评估等指标为评价标准,结合行政监督、法律监督、公众监督等多种监督手段,对国有公共企业的监督职能承担者的工作业绩进行合理评价,实现有效监督和合理约束。

2. 建立完备的监督职能承担者的责任可追溯机制

鉴于国有公共企业在国民经济中的特殊作用和支柱地位,对其制度的完善关乎社会公共利益和国有资产的保值增值的实现。因此,立法有必要建立并完善各个监督机制的工作质量、监督成效衡量标准与评价体系,形成监督职能承担者履职责任的可追溯机制,充分发挥法律法规的监督约束作用。当前要重点研究建立监督职能承担者的个人责任可追溯机制,具体可以考虑从以下几个层面进行完善。

(1)法律在赋予监督职能承担者各种权限的同时,有必要进一步明确他们的责任和义务,增强其责任意识。对于监督职能承担者失职、渎职行为要有相应的惩治措施,以督促政府委派的监督职能承担者积极、合理地履行监督职能。对错检、漏检,应报未报以及不规范的履职行为,导致国有资产流失或者国企利益受到损害的,要追究相关责任个人的民事赔偿法律责任、行政责任和刑事法律责任。(2)在国有公共企业中,对监督职能承担者的任免考核基本上可以参照公务员考核评价机制,由政府委派,具有相应的行政级别的,根据专门的考核评价标准决定监督职能承担者的任免和奖惩。对于监督职能承担者的失职、渎职行为,委派机构有权通过降职、罢免等行政处分方式使监督职能承担者承担行政责任。有观点提出,应当建立特殊的公共企业罢免机制,即当公共企业董事违背公共企业目标、考核未予通过时,可由各级人大或其常委会予以罢免。任何10名以上的公民可以联名向各级人大提出罢免议案。① 尽管该罢免机制是针对公共企业高管而提出的,但是可以考虑参照适用于对外部董事和外派监事等监督职能承担者的考核评价。(3)董事会召开会议时,外部董事对于公共企业内部有关经营和人事任免的决策议案都应当明确表示赞成、弃权或反对,并说明投反对票的理由,不能含糊其辞、模棱两可,也不能人云亦云、敷衍了事;每位董事都要遵循表决规则,尽职尽责履行表决权,对自己所表决的结果负相应责任。外派财务总监和内部审计也应当明确表达关于财务会计的

---

① 参见蒋大兴:《国企应从公司法中撤退——从"商事公司"向"公共企业"演进》,载《中国工商管理研究》2013年第12期。

意见并对自己的意见负责。每个人的发言、表决都要记录在案,立项存档备查。如果决策结果对企业或股东利益造成实质性损失,则投赞成票的要承担经济责任,投反对票的董事则可以依法免除相应的责任。①(4)在企业内应当设立职工监事而未予设立的,应当对企业课以一定的处罚,企业直接负责人也应当承担相应的法律责任,从而确保职工监事的法定地位。在职工监事参与监督企业治理时,对于应当由职工监事参与监督并作出决策判断的情形,职工监事未予作出,从而给职工权益带来损失甚至给企业带来利益损害的,应当由相应的机关承担一定的责任。应当将职工监事与企业职工的身份和责任严格分离,因职工监事而导致的责任,只能由这一身份承担,只有在极其严重,或同时又有违背另一身份所应承担义务的情形下,才允许对另一身份予以惩戒。②

3. 坚持重大责任必究与合理容错机制并重

国有公共企业立法要健全纠错改正机制,加强对监督职能承担者的制约和控制,应当完善责任追究的程序,健全处罚体系,根据决策失误导致损失的程度和应负责任的大小,追究相应的责任;应加强法律查处力度,强化对国有公共企业监督职能承担者的责任追究,不能因其退休或转换工作就不承担法律责任;对于违法者,更要追究相关法律责任,以规范约束监督职能承担者的长期行为。2010年7月15日,中共中央办公厅、国务院办公厅印发了《关于进一步推进国有企业贯彻落实"三重一大"决策制度的意见》(以下简称《"三重一大"决策制度的意见》),要求凡属重大决策、重要人事任免、重大项目安排和大额度资金运作(简称"三重一大")事项必须由领导班子集体作出决定。其中,对经济责任追究制度作出了如下规定:"建立对决策的考核评价和后评估制度,逐步健全决策失误纠错改正机制和责任追究制度";"国有企业领导人员违反'三重一大'决策制度的,应依照《国有企业领导人员廉洁从业若干规定》和相关法律法规给予相应的处理,违反规定获取的不正当经济利益,应当责令清退;给国有企业造成经济损失的,应

---

① 参见罗新宇:《国有企业分类与分类监管》,上海交通大学出版社2014年第 期。
② 参见赵万一主编:《公司治理的法律设计与制度创新》,法律出版社2015年版,第311页。

当承担经济赔偿责任。"根据该规定,监督职能承担者对于国有公共企业重大决策的程序性和合规性、重要人事任免、重大项目和大额度资金运作的合理性和社会效益性发表意见的情况下,如若导致国有资产流失或者国企利益受到损害,则监督职能承担者对其发表的意见应当承担相应的责任。立法可以考虑参照《"三重一大"决策制度的意见》并适用于国有公共企业的监督职能承担者,在追究法律责任的基础上鼓励监督职能承担者积极履行监督职责。

在制定严格责任追究机制的同时,也必须考虑到国有公共企业的监督职能承担者在监督工作过程中所面临的风险与挑战,他们承担着巨大的心理压力。因此有必要确立相应的容错机制,即在追究法律责任的基础上考虑减轻责任机制,从而鼓励监督职能承担者积极作为。这需要配置相应的实施细则,以合理判断监督者行为的合法合理性。上海市人大常委会于2013年6月9日通过的《关于促进改革创新的决定》中提出,要尽快建立鼓励国有企业领导人员改革创新的容错机制。决定中明确规定:凡是依照国家和本市有关规定决策实施,且勤勉尽责、未牟取私利的,不作负面评价,依法免除相关责任,以培养有责任心、有担当的国有企业领导人员,鼓励他们放下包袱,以更大的决心和勇气推进改革,开拓创新。

4. 完善社会公众监督约束机制

国有公共企业立法应当赋予社会公众对国有公共企业监督职能承担者的监督权,并明确社会公众行使监督权的范围。国有公共企业由国家投资设立,在理论上是全民财产;其从事的又是公共服务,因此建立经营业务活动和治理活动的信息公开制度确有必要。[①] 国有公共企业应当实施高度透明的信息披露制度,而且这种信息公开应该上升到法律层次,即必须是强制性披露,以提高社会公众的参与度。为了促进信息披露,完善社会公众监督约束机制,国有公共企业监督职能承担者有义务向社会公众提供充分有效的监督和质询方式,通过建立健全企业门户网站,及时以公司年度

---

① 参见张安毅:《国有公共企业制定专门法的必要性与制度设计——从适用〈公司法〉到制定〈国有公共企业法〉》,载《理论与改革》,2014年第4期。

报告、社会评价报告等方式披露企业的公共产品或服务的生产过程、生产成本的财务账目情况、年度预决算和补贴、资金使用与预算执行情况、企业社会责任履行状况等信息,使社会公众及时了解企业动态。与此同时,也要将监督职能承担者的任免、薪酬与奖惩情况予以公开,接受社会监督、舆论监督,以便产生最有效的约束。[1] 通过信息公开,强化社会公众的外部监督约束机制,可以促进企业经营效率的提升和资源配置的合理化,充分发挥国有公共企业在促进基本公共服务均等化和建设公共资源合理共享机制中的保障作用。

---

[1] 参见宁金成:《国有企业区分理论与区分立法研究》,载《当代法学》2015年第1期。

结　语

在深化国企改革的背景下,我国唯有明确国有公共企业的性质定位,并以特殊性的制度安排来调整,才能为重构国有公共企业所承载的公共利益提供制度支持。特殊的使命要求国有公共企业必须具有比国有商事公司更为广泛的公共性,以解决内部人控制问题,维护国有资产保值增值,实现社会公共利益。为此,国有公共企业立法应当以实现社会公共利益为目标导向,通过特殊的制度安排来加强公权力的监管,建立有效的监督制度,从经营治理结构上保障企业的公开度和透明度,如此才能真正实现国有公共企业公共性的功能与价值,赋予其强大的生命力。

不同于其他先进的市场经济国家,日本公共企业的发展变迁是一个循序渐进的过程。在由官营企业到公共企业体再到公私混合制形式的变迁过程中,公共企业立法所赋予的企业经营自主性和逐利性逐渐加强,对其规制则相应地由强至弱。如此不断变革,逐步形成其公共企业立法上公共性与商事性目标的融合。针对公私混合制的公共企业,日本以特殊公司法而非商事公司法的方式调整其运营。这类特殊公司法既不是简单的"私有化"和"商事公司化",让公共企业脱离公共权力的控制,也不是让公共企业成为纯粹行使公共职能的工具,而忽视对商事利益的追求。日本公共企业制度强调对公共企业的监督,日本公共企业的设立、业务经营范围、业务方式、事业计划、经营活动和治理结构等事项,都要受到政府和国会的控制。日本的公共企业立法赋予监督职能承担者较为广泛的监督职能,并依据企业的分类不同而采取不同的监管标准,对于公共企业而言,着重考核企业的社会效益。

国有公共企业的监督治理要从一国的实际情况出发,世界范围内各个国家普遍存在关于国有公共企业的监督治理模式,但是治理没有统一的、最好的模式,它与一个国家的历史、文化、法律和社会制度等密切相关。我国不必借鉴日本的做法为每一个国企单独立法,但可为这一类企业进行专门统一立法,以"公共规制"和"商事自治"的双重手段共同调整该类国企的全部经营活动。国有企业的发展既不能离开市场机制,也不能完全依靠市场机制。我国国有企业制度的进一步改革应当兼顾公共性与商事性的关系,以实现国有公共企业在保持国家(政府)的控制下、承担一定的普遍服务和社会公共利益职能的同时,摆脱不必要的公权力的控制,充分发挥经营的自治性,以促进经营效率的提高。从日本经验来看,先进国家关于国有企业的制度转型与路径变迁,具有一定的研究价值与意义,汲取其成功的经验,对我们来说是有利的。因此,我国国企制度改革应在借鉴先进市场经济国家成功经验的基础上,寻求适合我国的发展路径。国有企业改革依旧任重而道远。

主要参考文献

[1]〔美〕詹姆斯·M.布坎南:《民主财政论——财政制度和个人选择》,商务印书馆 1993 年版。

[2]〔美〕詹姆斯·M.布坎南:《自由、市场和国家》,北京经济学院出版社 1988 年版。

[3]〔英〕亚当·斯密:《国民财富的性质和原因的研究》,郭大力译,商务印书馆 1981 年版。

[4] Andrei Shleifer and Robert W. Vishny, A Survey of Corporate Governance, The Journal of Finance, 1997, 52 (2).

[5] John Carver, Boards that Make a Difference: A New Design for Leadership in Nonprofit and Public Organizations, Jossy-Bass, 1990.

[6] Chris Cornforth, The Changing Context of Governance: Emerging Issues and Paradoxes, in Cornforth (ed.), The Governance of Public and Non-Profit Organizations: What Do Boards Do? Rutledge, 2003.

[7] Cullbert and Reisel, Organization Development: An Applied Philosophy for Managers of Public Enterprise, Public Administration Review, 1971, 31 (2).

[8] Daniel Sokol, Competition Policy and Comparative Corporate Governance of State-owned Enterprises, Brigham Young University Law Review, 2009 (6).

[9] Francis N. Botchway, The role of the State in the Context of Good Governance and Electricity Management: Comparative Antecedents and Current Trends, University of Pennsylvania Journal of International Economic Law, 2000, 21 (4).

[10] Harold Seidman, Government-sponsored Enterprise in the United States, in Bruce L. R. Smith ed., The New Political Economy: The Public Use of the Private Sector, 1975.

[11] Michael C. Jensen, the Modern Industrial Revolution, Exit, and the Failure of Internal Control Systems, The Journal of Finance, July 1993.

[12] John N. Drobak, A Comment on Privatization and Democratization, Saint Louis University Law Journal, 2006, Spring.

[13] Michael J. Whincop, Corporate Governance in Government Corporations, Ashgate Publishing Limited, 2005.

[14] Richard Pryke, Public Enterprise in Practice, St. Martin's Press, New York, 1972.

[15] Bob Tricker, From Manager to Director: Developing Corporate Governors' Strategic Thinking, in Garratt (ed.), Developing Strategic Thought. McGraw-Hill, 1995.

[16] V. V. Ramanadham(Ed), Privatization: A Global Perspective, London; New York: Routledge. 1993.

[18] 白成琦:《论日本国有企业体制的特点与历史作用》,载陈建安编:《日本公有企业的民营化及其问题(复旦大学日本研究中心第五届国际学术研讨会论文集)》,上海财经大学出版社1996年版。

[19] 白江:《公司治理前言法律问题研究》,法律出版社2015年版。

[20] 白天亮:《国企将分公益性竞争性》,载《人民日报》2011年12月14日第10版。

[21] 白英姿、马正武:《国有企业功能定位与分类治理》,中国财富出版社2015年版。

[22] 浜田道代「日本における会社法改正の動向」,「会社統治及び資本市場の監督管理—中国・台湾・日本の企業法制の比較—」,名古屋大学出版社2004年版。

[23] 蔡蓓:《关于实行财务总监委派制的思考》,载《中南民族大学学报(人文社会科学版)》2003年S1期。

[24] 蔡元庆:《论上市公司董事会的监督机制》,载《深圳大学学报》(人文社会科学版)2002年第6期。

[25]《曹建明:"去年查办国有企业经营管理改革中的职务犯罪6158人"》http://lianghui.people.com.cn/2015npc/n/2015/0312/c394473-26681447.html,2015年5月3日访问。

[26] 陈佳贵等:《中国国有企业改革与发展研究》,经济管理出版社2000年版。

［27］陈少晖、廖添土:《国有企业进一步市场化改革的方向调试与路径选择》,载《浙江学刊》2013年第1期。

［28］陈少晖、朱珍:《民生财政导向下的国有资本经营预算支出研究》,载《当代经济研究》2012年第4期。

［29］陈世瑞:《国企党建与法人治理结构协同性初探》,载《华东经济管理》2012年第1期。

［30］陈志武:《该将国有资产股份分给公民,实现"全民所有"》,载《上海国资》2009年第3期。

［31］程承坪:《国有企业目标定位再解构:利益导向抑或本位回归》,载《改革》2013年第12期。

［32］程民选、王罡:《关于公益性国有企业的理论探讨》,载《当代经济研究》2014年第3期。

［33］崔勤之:《对我国公司治理结构的法理分析》,载《法制与社会发展》1992年第2期。

［34］大島国雄「NHKの公共性について」,『青山経営論集』21(3),1986-11。

［35］邓峰:《董事会制度的起源、演进与中国的学习》,载《中国社会科学》2011年第1期。

［36］丁春贵:《基于利益相关者治理的公司监事会制度研究》,载《安徽大学学报》2007年第3期。

［37］丁任重、王继翔:《中国国有企业改革演进:另一种视角的解读》,载《当代经济研究》2010年第4期。

［38］丰存斌:《规范国有企业法人治理结构的基本路径》,载《经济问题》2017年第7期。

［39］甘培忠:《论完善我国上市公司治理结构中的监事制度》,载《中国法学》2001第5期。

［40］冈田清「公企業制度の変遷と諸問題」,『成城・経済研究』第198号,2012-12。

［41］冈野行秀、植草益:《日本の公企业》,东京大学出版社1983年版。

［42］高明华、杜雯翠:《国有企业负责人监督体系再解构:分类与分层》,载《改革》2014年第12期。

［43］顾功耘、李波:《国企改制:换汤更须换药》,载《上海国资》2001年第8期。

[44] 顾功耘、李波:《论国有企业改革的重大转变及其法制方略》,载《法学》1995 年第 10 期。

[45] 顾功耘:《〈公司法〉修改与公司法律制度的完善》,载《法学》2004 年第 7 期。

[46] 顾功耘:《国企类型化改革亟待法理应对》,载《中国社会科学报》2013 年 4 月 24 日。

[47] 顾功耘:《国资监管机构的法律定位》,载《上海国资》2008 年第 6 期。

[48] 顾功耘:《国资监管难题剖解》,载《上海市经济管理干部学院学报》2010 年第 2 期。

[49] 顾功耘等:《国有经济法论》,北京大学出版社 2006 年版。

[50] 顾功耘等:《国有资产法论》,北京大学出版社 2010 年版。

[51] 广冈治哉:《日本铁道民营化的经验与教训》,载陈建安编:《日本公有企业的民营化及其问题(复旦大学日本研究中心第五届国际学术研讨会论文集)》,上海财经大学出版社 1996 年版。

[52] 郭雳:《中国式监事会:安于何处,去向何方?——国际比较视野下的再审思》,载《比较法研究》2016 年第 2 期。

[53] 国务院国资委监事会课题组:《现行外派监事会制度面临的难题》,载《经济研究参考》2011 年第 36 期。

[54] 郝磊:《利益平衡视野下我国公司的职工参与权制度研究》,载《国家行政学院学报》2011 年第 2 期。

[55] 胡改蓉:《国有公司董事会法律制度研究》,北京大学出版社 2010 年版。

[56] 胡改蓉:《论公共企业的法律属性》,载《中国法学》2017 年第 3 期。

[57] 黄群慧、余菁:《新时期的新思路:国有企业分类改革与治理》,载《中国工业经济》2013 年第 11 期。

[58] 黄速建、余菁:《中国国有企业治理转型》,载《经济管理》2008 年第 19—20 期。

[59] 黄速建、余菁:《国有企业的性质、目标与社会责任》,载《中国工业经济》2006 年第 2 期。

[60] 黄速建:《国有企业改革和发展:制度安排与现实选择》,经济管理出版社 2014 年版。

[61] 黄越:《试论产权关系下的财务总监制度》,载《西北大学学报(哲学社会科学版)》,2001. Vol. 31(No. 3),第 116 页。

［62］蒋大兴:《国企为何需要行政化的治理——一种被忽略的效率性解释》,载《现代法学》2014 年第 5 期。

［63］蒋大兴:《国企应从公司法中撤退——从"商事公司"向"公共企业"演进》,载《中国工商管理研究》2013 年第 12 期。

［64］金碚、刘戒骄、刘吉超、卢文波:《中国国有企业发展道路》,经济管理出版社 2013 年版。

［65］金碚:《论国有企业改革再定位》,载《中国工业经济》2010 年第 4 期。

［66］金碚:《再论国有企业是特殊企业》,载《中国工业经济》1999 年第 3 期。

［67］金凤德:《日本国有企业体制的若干特征与民营化》,载《现代日本经济》1987 年第 1 期。

［68］经济合作与发展组织:《OECD 公司治理原则》,张正军翻译,中央财政经济出版社 1999 年版。

［69］堀江正弘:《日本公营企业的改革》,载陈建安编:《日本公有企业的民营化及其问题（复旦大学日本研究中心第五届国际学术研讨会论文集）》,上海财经大学出版社 1996 年版。

［70］堀雅通「公企業の構造分離改革について」,『作新総合政策研究』6,2006-03。

［71］瀬智司、大島国雄、肥後和夫「公共企業論」,有斐閣出版社 1977 年版。

［72］兰军:《国企改革:在凤凰涅槃中浴火重生》,http://news.xinhuanet.com/politics/2014-03/09/c_119678828.htm,2015 年 5 月 12 日访问。

［73］李昌庚:《国有财产法律基本制度研究》,法律出版社 2015 年版。

［74］李建伟:《论我国上市公司监事会制度的完善——兼及独立董事与监事会的关系》,载《法学》2004 年第 2 期。

［75］李立新:《劳动者参与公司治理的法律探讨》,中国法制出版社 2009 年版。

［76］李南山:《外派监事会的生存瓶颈》,载《董事会》2013 年第 10 期。

［77］李曙光:《论〈企业国有资产法〉中的"五人"定位》,载《政治与法律》2009 年第 4 期。

［78］李懿东:《从财务总监委派制走向内部审计制——实践中的企业国有资产监督方式》,载《经济体制改革》2004 年第 2 期。

［79］梁小民:《改革推不动就是利益集团太多》,载《时代周报》2012 年 3 月 22 日。

［80］廖添土:《国企红利"全民分红"改革探析》,载《湖北经济学院学报》2012 年第

5 期。

[81] 林利:《对我国财务总监制度的思考》,载《技术与创新管理》2008 年第 5 期,第 466 页。

[82] 刘迪瑞:《日本国有铁路的公共性和企业性与民营化改革》,载《当代财经》2005 年第 1 期。

[83] 刘迪瑞:《政府规制下的日本国有铁路经营》,载《江西社会科学》2009 年第 12 期。

[84] 刘建华、付宇、周璐瑶:《我国国有企业性质的重新审视——由"国进民退"或"民进国退"引发的思考》,载《经济学家》2011 年第 12 期。

[85] 刘俊海:《深化国有企业公司制改革的法学思考》,载《中共中央党校学报》2013 年第 6 期。

[86] 刘俊海:《现代公司法》(第三版),法律出版社 2015 年版。

[87] 刘社建:《国有企业监督机制的演进与变迁》,载《上海经济研究》2003 年第 1 期。

[88] 刘毅:《日本国有企业的股份公司改制》,载《日本研究》2002 年第 4 期。

[89] 刘长春:《关于国有企业公司法人治理结构中董事会建设的一点设想》,载《江苏商论》2007 年第 6 期。

[90] 卢福财主编:《中央企业公司治理报告(2011)》,中国经济出版社 2011 年版。

[91] 罗新宇:《国有企业分类与分类监管》,上海交通大学出版社 2014 年版。

[92] 宁金成:《国有企业区分理论与区分立法研究》,载《当代法学》2015 年第 1 期。

[93] 钱颖一:《中国的公司治理结构改革和融资改革》,载青木昌彦、钱颖一主编:《转轨经济中的公司治理结构》,中国经济出版社 1995 年版。

[94] 秦荣生:《国家审计职责的界定:责任关系的分析》,载《审计与经济研究》2011 年第 2 期。

[95] 秦颖:《论公共产品的本质》,载《经济学家》2006 年第 3 期。

[96] 山本政一「公企業改革の問題点」,『経営学論集』55,1985-09。

[97] 山田幸男「公企業法」,有斐閣 1957 年版。转引自远山嘉博「公企業とその関連用語の概念」,『追手門経済論集』20(2),1985-12-20。

[98] 邵宁:《国企分类改革:公益 vs. 利益?》,载《国企》2013 年第 7 期。

[99] 邵宁主编:《国有企业改革实录》,经济科学出版社 2014 年版。

[100] 施春来:《地方国资委直接持股与分类战略监管的对策研究——基于上海的思考》,载《福建论坛·人文社会科学版》2013年第11期。

[101] 施晓红:《德国职工共同决策制度及其对我国的启示》,载《经济管理》2004年第9期。

[102] 石冈克俊「コンメンタールNTT法」,三省堂2011年版,第2页。

[103] 时现、毛勇:《08'中国国有企业内部审计发展研究报告》,中国时代经济出版社2008年版。

[104] 史际春、龙毕敏、李政浩:《企业国有资产法理解与适用》,中国法制出版社2009年版。

[105] 史际春:《国有企业法论》,中国法制出版社2003年版。

[106] 史际春:《国有企业法论》,中国人民大学出版社2006年版。

[107] 史际春:《论营利性》,载《法学家》2013年第3期。

[108] 史际春:《企业和公司法学》,中国人民大学出版社2013年版。

[109] 松原聪「公企業としての特殊会社」,The bulletin of Research Institute of Civilization,1988(8)。

[110] 宋常、刘正均:《完善与发展我国企业内部审计的思索》,载《审计研究》2003年第6期。

[111] 孙树义:《国有企业监事会制度》,经济日报出版社2001年版。

[112] 孙文博:《中国公用企业治理结构研究》,经济科学出版社2014年版。

[113] 孙晓青:《德国公共企业在国民经济中的作用》,载《世界经济》1996年第4期。

[114] 孙玥璠、杨有红、张真昊:《国有企业外部董事激励机制对外部董事行为的影响——基于博弈论的理论模型分析》,载《北京工商大学学报》(社会科学版)2011年第4期。

[115] 陶友之:《论国有企业外部董事制的"利"与"弊"》,载《探索与争鸣》2009年第10期。

[116] 藤島裕三「社外取締役と独立取締役—その概念整理と近時における議論—」,『経営戦略研究』2009年春季号。

[117] 丸尾直美「公企業の経営形態——公共性と効率性を両立させるシステム」,冈野行秀、植草益『日本の公企業』,东京大学出版社1983年版。

[118] 汪海波:《中国国有企业改革的实践进程(1979—2003年)》,载《中国经济史研究》2005年第3期。

[119] 王保林主编:《中央企业产业发展发展报告(2011)》,中国经济出版社2011年版。

[120] 王保树:《完善国有企业改革措施的法理念》,载《中国法学》2000年第2期。

[121] 王兵、鲍国明:《国有企业内部审计实践与发展经验》,载《审计研究》2013年第2期。

[122] 王红一:《论公司自治的实质》,载《中山大学学报(社会科学版)》2002年第5期。

[123] 王红一:《我国国有企业的政策定位与若干立法问题探析》,载《河北法学》2002年第2期。

[124] 王立军:《日本电信事业民营化及其启示》,载《日本研究》1999年第1期。

[125] 王勇:《国务院关于国有企业改革与发展工作情况的报告》,http://www.npc.gov.cn/huiyi/ztbg/gwygygyqyggyfzgzqkdbg/2012-10/26/content_1741236.htm,2014年12月21日访问。

[126] 王勇:《新政治经济学视界中的我国公共企业改革》,载《经济体制改革》2007年第1期。

[127] 王玉兰:《大型国有企业内部审计研究——公司治理与国家治理视角》2013年第2期。

[128] 王兆高:《对国有资产经营进行有效监控的途径:财务总监委派制》,载《国有资产管理》2001年第1期。

[129] 肖海军:《政府董事:国有企业内部治理结构重建的切入点》,载《政法论坛》2017年第1期。

[130] 徐晓松等:《国有企业治理法律问题研究》,中国政法大学出版社2006年版。

[131] 许保利:《中国国有企业的变革》,经济科学出版社2016年版。

[132] 闫长乐、张永泽:《国有企业改革与发展研究》,中国经济出版社2012年版。

[133] 阳东辉:《战略改组后的国有企业治理模式新探》,载《法学家》2000年第4期。

[134] 杨栋梁:《釜底抽薪:日本邮政民营化改革的深层动因》,载《现代日本经济》2015年第4期。

[135] 杨瑞龙、张宇、韩小明、雷达:《国有企业的分类改革战略（续）》,载《教学与研究》1998 年第 3 期。

[136] 杨瑞龙:《简论国有企业分类改革的理论逻辑》,载《政治经济学评论》2015 年第 6 期。

[137] 杨肃昌:《关于对财务总监制度本质的认识》,载《会计研究》1998 年第 2 期。

[138] 杨卫东:《关于公益类国企改革的思考》,载《学习与实践》2016 年第 8 期。

[139] 姚海天:《日本邮政民营化分析》,载《日本学刊》2005 年第 3 期。

[140] 野田正穂・原田胜正・青木荣一・老川庆喜「日本の鉄道・成立と展開」,日本経济評論社 1986 年版。

[141] 一瀨智司、大岛国雄、肥后和夫「公共企業論」,有斐阁出版社 1977 年版。

[142] 一瀨智司、大岛国雄、肥后和夫『公共企業論』,有斐閣 1977 年版。

[143] 衣笠达夫「公企業の種類と役割」,『追手門経済論集』42(2),2007-12。

[144] 余菁,《国有企业公司治理问题研究:目标、治理与绩效》,经济管理出版社 2009 年版。

[145] 余菁、王欣、常蕊等:《转型中的中国国有企业制度》,经济管理出版社 2014 年版。

[146] 玉村博巳「現代公企業の形態と統制」,『経営学論集』54,1984-09。

[147] 原野翘「現代国家と公共企業法」,法律文化出版社 2002 年版。

[148] 远山嘉博:《現代公企業総論》,东洋经济新报社 1987 年版。

[149] 远山嘉博「公企業とその関連用語の概念」,『追手門経済論集』20(2),1985-12。

[150] 远山嘉博「公企業改革の方向と対策」,『公益事業研究』35(1),1983-9。

[151] 远山嘉博「公企業能率化の要請と経営形態改善の方向」,『追手門経済論集』22(1),1987-09。

[152] 远山嘉博「公企業政策の国際比較」,『公益事業研究』32(3),1981-03。

[153] 远山嘉博「日本公企業の民営化とその問題点」(復旦大学中日国際シンポジウム),『追手門経済論集』32,1995-09。

[154] 远山嘉博「我が国における公益事業の成立・再編成・民営化後（上）」,『追手門経済論集』34(2),1999-09。

[155] 远山嘉博「我が国における公益事業の成立・再編成・民営化後（下）」,『追

手門経済論集』35(2),2000-09。

[156] 远山嘉博「我が国における公益事業の成立・再編成・民営化後(中)」,『追手門経済論集』35(1),2000-05。

[157] 远山嘉博「資本主義経済における公企業の歴史(中)」,『追手門経済論集』21(1),1986-09。

[158] 占部都美「企業形態論」,白桃書房1969年版。

[159] 张安毅:《国有公共企业制定专门法的必要性与制度设计——从适用〈公司法〉到制定〈国有公共企业法〉》,载《理论与改革》2014年第4期。

[160] 张安毅:《论公益性国有企业概念的理论缺陷与公共企业制度的建立——以中国国企分类改革为背景》,载《东疆学刊》2014年第10期。

[161] 张国旺:《中央企业董事会规范化建设的理论基础与发展展望》,载《理论学刊》2014年第4期。

[162] 张素华:《论国资委法律地位的再定位》,载《求索》2009年第11期。

[163] 张毅:《汇聚中央企业改革发展正能量》,http://www.cssn.cn/bk/bkpd_qklm/bkpd_bkwz/201409/t20140928_1346422.shtml,2015年3月访问。

[164] 张兆国、刘永丽、谈多娇:《管理者背景特征与会计稳健性——来自中国上市公司的经验证据》,载《会计研究》2011年第7期。

[165] 赵万一主编:《公司治理的法律设计与制度创新》,法律出版社2015年版。

[166] 植草益「公的規制の経済学」,NTT 2000年版。

[167] 植草益:《市场经济与公有企业的作用》,载陈建安编:《日本公有企业的民营化及其问题(复旦大学日本研究中心第五届国际学术研讨会论文集)》,上海财经大学出版社1996年版。

[168] 植草益「公企業の数・形態・役割」,冈野行秀、植草益「日本の公企業」,东京大学出版社1983年版。

[169] 植草益「公企業分析序説」,『経済学論集』44(4),1979-01。

[170] 植草益「市場経済と公企業の役割」,(復旦大学中日国際シンポジウム),『追手門経済論集』32,1995-09。

[171] 中国内部审计协会:《国有企业内部审计发展报告》(2010年)。

[172] 钟雯彬:《公共产品法律调整研究》,法律出版社2008年版。

[173] 周国雄:《提高监事会监督有效性方法》,载《上海国资》2016年第11期。

[174] 周评、杨丽伟:《对外部董事评价体系的思考——以上海市国有企业外部董事评价为例》,载《华东经济管理》,2012 年第 9 期。

[175] 周天勇主编:《现代国有资产管理新模式——出资人制度与大企业国际竞争力》,中国财政经济出版社 2003 年版。

[176] 周晓庄:《国企党建:探索国家治理体系的企业责任》,载《上海经济研究》2014 年第 2 期。

[177] 朱慈蕴:《公司内部监督机制:不同模式在变革与交融中演进》,法律出版社 2007 年版。

[178] 竹中龙雄「公益企業サービス論」,『国民経済雑誌』105(5),1962-05。

[179] 自松原聪「公企業としての特殊会社」,The Bulletin of Research Institute of Civilization 1988(8)。

[180] 左大培:《评有关企业"改制"的数据推论》,载《江苏行政学院学报》2005 年第 4 期。

后　　记

我自日本名古屋大学博士毕业回国之后,即进入华东政法大学从事博士后研究,后进入华东政法大学经济法学院工作。很庆幸与华政的这场邂逅,使我在古老厚重的圣约翰殿堂和后现代的松江校园里逐渐沉淀下来,潜心学习与工作,取得点滴成长与进步。

本书是在我的博士后出站报告的基础上修改而成的。对此,我的博士后合作导师顾功耘教授给予我很多中肯的意见与建议。我曾获得中国博士后基金一等资助,这与顾老师的悉心指导是分不开的。顾老师为人谦和豁达,为学严谨勤奋,为教谆谆言传。在学术研究道路上,有幸时常得到顾老师的教诲,感激不已。

进入华政工作以来,我结识了许多良师益友,本书的完成与他们的谆谆教导和帮助也是分不开的。特别是幽默豁达又厚德睿智的吴弘教授、学识渊博又洒脱大度的肖国兴教授、才华横溢又温文尔雅的罗培新教授、为人谦和又潜心学术的沈贵明教授、治学严谨又美丽大方的胡改蓉副教授,诸位老师不仅就本书的研究课题给予我启发与鼓励,而且在法学研究方法与思路上也给予我引导和点拨,使我得以成长与进步。对于这些教导和帮助,我一直心存无上的感激。同时,我还要由衷地感谢名古屋大学的许顺福博士,他为我搜集和整理资料提供了大力帮助与支持,占用了自己宝贵的休息时间。

感谢我的父母,在本书写作期间照顾我的生活起居,使我有更多的时间专心写作。感谢我的先生给予我巨大的精神支持与鼓励,使本书得以顺利完成。感谢黄蔚编辑耐心细致、专业高效的工作,推动我不断完善书稿。

最后，对给予我关心、爱护和帮助的各位老师和朋友，一并致谢。

本书是我对国有企业制度改革研究的一点粗浅认识，其中还存在许多不足与疏漏，有待进一步的完善。我也将在本课题的研究探索中继续前行。

本书献给华政65岁生日！

陈美颖

2017年6月1日